T0161630

PIOTR O. SCHOLZ

DIE SEHNSUCHT NACH TAUSENDUNDEINER NACHT

PIOTR O. SCHOLZ

DIE SEHNSUCHT NACH TAUSENDUNDEINER NACHT

Begegnung von Orient und Okzident

JAN THORBECKE VERLAG STUTTGART

Dagmar & Paul von Naredi-Rainer
in labyrinthischer Freundschaft gewidmet

Frontispiz: Eröffnungsszene zu den Erzählungen aus »1001 Nacht« von Edmund Dulac: Scheherazad beginnt ihre unendlichen Geschichten zu erzählen ...

INHALT

Titelblatt der ersten deutschen anonymen Ausgabe (1711) von »1001 Nacht« in der Übersetzung aus dem Französischen (1. Band der Gallandschen Ausgabe von 1704).

VORWORT

*Aus der Zeit wollt ihr einen Strom machen, an dessen Ufern ihr sitzt
und zuschaut, wie er fließt.*

*Doch das Zeitlose in euch ist sich der Zeitlosigkeit des Lebens bewußt
Und weiß, daß Gestern nichts anderes ist als die Erinnerung von
Heute und Morgen, der Traum von heute.*

(KHALIL GIBRAN, Der Prophet: Von der Zeit)

»1001 Nacht« – ein sonderbarer Titel, fast allen von Kind auf bekannt –
wird heute überwiegend mit einer märchenhaften Welt identifiziert. Das
veranlaßt jedoch nur wenige, sich mit der Sammlung der Erzählungen
näher zu befassen. Sie sind umfangreicher als die »Suche nach der verlorenen Zeit« von Marcel Proust oder viele klassische Familienromane.
Gekürzte, teils veränderte und ihres tatsächlichen Sinns beraubte Geschichten kursieren als Einzelerzählungen oder Zyklen, wie zum Beispiel
die von »Sindbad dem Seefahrer und seinen sieben Reisen«. Viele Leser
geben sich damit zufrieden und meinen, über das Alter hinaus zu sein,
in dem man noch Märchen liest. Andere stoßen zufällig auf Editionen
von »Liebesgeschichten aus 1001 Nacht« und glauben, es handle sich
dabei um eine »Giftschranklektüre«, die mit der tatsächlichen Sammlung
nichts zu tun habe. Wenige fanden Zugang zu dem Werk und wollten es
nicht gekürzt, bearbeitet oder umgestaltet lesen. Sie aber waren durchweg
begeistert und fragten nach mehr. Ihnen eröffnete sich nicht nur eine
märchenhafte Welt, sondern auch eine Welt voller Leidenschaften,
Sehnsüchte, Träume und nie zuvor gehörter Phantasien, umrahmt von
einem orientalischen Umfeld scheinbar vergessener Zeit. Die Faszination
läßt uns nicht mehr los; sie löst zugleich eine Entdeckungsreise in und
mit uns selber aus:

*Es ist (nämlich) eine rätselhafte Sache um die menschlichen Leiden-
schaften, und Kindern geht es damit nicht anders als Erwachsenen.
Diejenigen, die davon befallen werden, können sie nicht erklären,*

und diejenigen, die nichts dergleichen je erlebt haben, können sie nicht begreifen. Es gibt Menschen, die setzen ihr Leben aufs Spiel, um einen Berggipfel zu bezwingen. Niemand, nicht einmal sie selbst, könnte wirklich erklären warum. Andere ruinieren sich, um das Herz einer bestimmten Person zu erobern, die nichts von ihnen wissen will. Wieder andere richten sich zugrunde, weil sie den Genüssen des Gaumens nicht widerstehen können – oder denen der Flasche. Manche geben all ihr Hab und Gut hin, um im Glücksspiel zu gewinnen, oder opfern alles einer fixen Idee, die niemals Wirklichkeit werden kann. Einige glauben, nur dann glücklich sein zu können, wenn sie woanders wären, als sie sind, und reisen ihr Leben lang durch die Welt. Und ein paar finden keine Ruhe, ehe sie nicht mächtig geworden sind. Kurzum, es gibt so viele verschiedene Leidenschaften, wie es verschiedene Menschen gibt. Für Bastian Baltasar Bux waren es die Bücher. (ENDE, 10f.)

Für die Entdecker der Erzählungen aus »1001 Nacht« wurden diese zu einer imaginären Reise durch Zeit und Raum, aber auch in andere Dimensionen. In Dimensionen einer metaphorischen Entrückung, die zuweilen dahin führt, von wo noch niemand zurückgekehrt ist – es sei denn, durch den Zauber von »1001 Nacht«. Deshalb waren alle großen Dichter und Literaten von diesen Erzählungen fasziniert und sind oft von ihnen beeinflußt worden. Seit über 300 Jahren fanden im Abendland Menschen aller Stände an den Geschichten Freude und Entspannung. 1704 war in Europa der erste Band der Sammlung »Les mille et une nuits« erschienen, die Antoine Galland begonnen hatte, aus dem Arabischen (»Alf laila wa-laila«) zu übersetzen. In kürzester Zeit erreichten sie eine Popularität, die alle Erwartungen überstieg, und wurden zu Konkurrenten der abendländischen Erzählkunst. Man hat sie kopiert und nachgeahmt, es kamen aber auch neue vom Orient handelnde Geschichten anderer Autoren auf den Markt. Als ein Beispiel sei das Buch von Elsa Sophia von Kamphoevener (1878–1963) genannt, die viele Jahre mit ihren Eltern in der Türkei gelebt hatte und so von der orientalischen Atmosphäre beeinflußt war, daß man lange Zeit annahm, ihre Erzählungen seien der mündlichen Tradition anatolischer Hirten oder türkischer Erzähler entnommen und nicht nur Produkt ihrer orientalisch geprägten Phantasie.

Es entstand ein Zeitgeist der Bewunderung für den Osten, aus dem der moderne Orientalismus geboren wurde. Modern deshalb, weil es Orientalismus schon immer gegeben hat, denn die Begegnungen zwischen Okzident und Orient sind so alt wie die Menschheitsgeschichte selbst. Man vergißt gegenwärtig nur oft, nach Quellen zu fragen; geht man ihnen nach, so erkennt man, daß das »Licht aus dem Osten kam« (Gustaf Adolf Deißmann). Zu diesem Licht gehören die Erzählungen aus »1001 Nacht«. Die wissenschaftliche Beschäftigung mit ihnen hatte ein Belebung der orientalischen Studien zur Folge, die von Übersetzertätigkeiten begleitet wurde. Diese waren darauf ausgerichtet, alte Texte und Vorlagen wieder aufzufinden. Seit François Pétis de la Croix (1653–1713) hat sich kontinuierlich ein fast zu einer Sucht gesteigertes Interesse an den scheinbar unendlichen Geschichten entwickelt. In England, Deutschland, Frankreich und Italien war man unermüdlich auf der Suche nach ihnen, woraus besonders im 19. Jahrhundert zahlreiche neue Sammlungen entstanden sind, die noch heute ediert, erweitert und übersetzt werden. In Deutschland handelt es sich um die klassischen Übersetzungen von Joseph von Hammer-Purgstall, Gustav Weil und Enno Littmann (siehe Bibliographie und Zeittafel), die noch um neue ergänzt worden sind. Hier sei besonders auf die kongenial übersetzten Liebesgeschichten von Rudolf Gelpke und die »neuen« Erzählungen von Felix Tauer aufgrund einer Oxforder Handschrift aus dem 18. Jahrhundert verwiesen.

Aus den Übersetzungen ergab sich, daß ihr Sinn oft nicht ohne Erklärungen verstanden werden konnte; deshalb ergänzten einige der Übersetzer ihre Texte mit Kommentaren. Die umfangreichsten sind die englischen von E. Lane und R. Burton. In Deutschland werden in der umfassenden und noch nicht abgeschlossenen »Enzyklopädie der Märchen« viele Einzelgeschichten aus »1001 Nacht« behandelt, oft jedoch in positivistischer und klassifikatorischer Weise, die eine tiefgründige Erfassung des Wesens der Erzählungen vermissen läßt. Daß die Geschichten aus »1001 Nacht« viele Ziele zu verfolgen scheinen, steht außer Zweifel. So werden unter anderem immer wieder missionarische Absichten des Islam deutlich, zum Beispiel indem Christen darin erst nach der Bekehrung zum Islam ihr Glück finden können, wie etwa Mirijam die Gürtlerin. »Die Zivilisation des Islam ist durch und durch synkretistisch, und sie erweist ihre Lebenskraft, indem sie jegliche Entlehnung mit ihrer eigenen, unnachahmbaren Patina überzieht.« (GRUNEBAUM, Islam, 405) Sie will und kann sich nicht unterordnen; sie nutzt die sie umgebenden Kulturen pragmatisch und eklektisch, um sie sich zu eigen zu machen. Das geschah auch mit den Erzählungen aus der vorislamischen Zeit, aus der Bibel, aus Indien, China, Persien, der Antike und dem Christentum, aber auch mit hinduistischen, buddhistischen, zoroastrischen, jüdischen, christlichen und gnostischen Erkenntnissen, die alle absorbiert und in »1001 Nacht« einer islamischen Struktur angepaßt wurden.

Den Kosmos zu beschreiben, den zu betreten die Erzählungen aus »1001 Nacht« erlauben, erfordert übermenschliche Kräfte. Deshalb muß jeder Versuch, in ihn einzudringen, bedeuten, daß man einem schmalen Pfad in ein Labyrinth folgt, einem Pfad, der sich in Wachträume verliert, in denen man wie Irrlichter hier und da etwas erkennt, nur um es alsbald wieder aus den Augen zu verlieren. Bei dem vorliegenden Buch kann es sich deshalb nur um den Versuch handeln, einen Streifzug in die Welt aus »1001 Nacht« zu unternehmen, in sie einzutauchen, um sich von ihr anrühren zu lassen, und wieder weiterzufliegen. Hier ist es nicht möglich, die umfangreiche Palette der 180 von Littmann übersetzten Geschichten zu ergründen und zu erfassen. Vermittelt werden kann nur ein Eindruck, der vielleicht einen Hauch von Faszination hinerläßt, wie Tau, der verschwindet, wenn die Sonne aufgeht. Wenn sie aber wieder untergeht, mögen die Gestalten aus der Tiefe der unzähligen Nächte erneut emporsteigen, um uns zu begegnen. Nächte sind dazu geschaffen, sich den Träumen zu überlassen, die uns unzählige Märchen erzählen, von denen nur 1001 aufgeschrieben worden sind ... Bis zu der Zeit, die kommen wird, wenn die 1002. Nacht sich dem Tag überlassen muß, der die Märchen verschlingen wird, um dann wieder von neuem gefangengenommen zu werden.

Hugo von Hofmannsthal, der Johann Wolfgang von Goethes aus dem Geist von »1001 Nacht« entstandenen »West-östlichen Diwan« zu bewerten versuchte, erkannte die fragile Struktur der Erzählungen, indem er feststellte: »Sehen wir so die grenzenlose Sinnlichkeit von innen her mit eigenem Lichte sich erleuchten, so ist zugleich dies Ganze mit einer poetischen Geistigkeit durchwoben, an der wir mit dem lebhaftesten Entzücken vom ersten Gewahrwerden zum vollen Begriff uns steigern. Eine Ahnung, eine Gegenwart Gottes liegt auf allen diesen sinnlichen

Dingen, die unbeschreiblich ist. Es ist über dieser Wirrnis von Menschlichem, Tierischem und Dämonischem immer das strahlende Sonnenzelt ausgespannt oder der heilige Sternenhimmel. Und wie ein sanfter, reiner, großer Wind wehen die ewigen, einfachen, heiligen Gefühle, Gastlichkeit, Frömmigkeit, Liebestreue, durch das Ganze hin.« (I 12)

P.S. »Die Erzählungen aus 1001 Nacht« wurden nach dem vollständigen arabischen Urtext der Kalkuttaer Ausgabe von 1839 von einem der bekanntesten deutschen Orientalisten, Enno Littmann (1875–1958), in sechs Bänden für den Insel Verlag, Leipzig 1921–1928, übersetzt. Es folgten Nachdrucke: Wiesbaden 1954 und Frankfurt/M. 1973, die hier unter Angabe von Band und Seite zitiert werden. Andere Übersetzungen werden nur soweit erforderlich benutzt und dann entsprechend kenntlich gemacht. – Auf eine wissenschaftliche Transkription arabischer und orientalischer Namen wurde verzichtet. Statt dessen wurde versucht, eine möglichst naheliegende verdeutschte Klangbildung herzustellen (im Bewußtsein, daß es sich dabei um keine optimale Lösung handelt).

Kalif Harun er-Raschid, der »Beherrscher der Gläubigen«, in der imaginären Vorstellung von René Bull, die sich dem Jugenstil – der noch deutlich zu spüren ist –
entzieht und der Art deco huldigt. Die den Kalifen flankierenden Pfauen, die in
Persien als Königsvögel galten, versinnbildlichen seinen Herrscherstatus.

I. ES BEGANN IN BAGDAD

Nord und West und Süd zersplittern,
Throne bersten, Reiche zittern,
Flüchte du, im reinen Osten
Patriarchenluft zu kosten,
Unter Lieben, Trinken, Singen,
Soll dich Chisers Quell verjüngen.
(...)
Will mich freun der Jugendschranke:
Glaube weit, eng der Gedanke,
Wie das Wort so wichtig dort war,
Weil es ein gesprochen Wort war. (GOETHE, 12)

Es war dunkle Nacht. Am Himmel stand nur der schmale Silberstreifen des gerade wieder zunehmenden Mondes, der wie ein Boot über der scheinbar schlafenden Stadt seine Bahn zog. Harun er-Raschid, der Kalif, der »Beherrscher der Gläubigen«, verkleidete sich wie schon oft zuvor als Kaufmann, als Mann der Straße. Er bestieg mit seinen Dienern, dem Wesir Dscha'far und dem Schwertträger Masrur, eine Guffa und überquerte den Tigris, um im Getriebe der Stadt Bagdad unterzutauchen. Wir sind im 8. Jahrhundert.

Bagdad, Zentrum der ersten Abbasiden, war 762 nach Empfehlung von Astrologen von dem Kalifen al-Mansur am rechten Ufer des Tigris gegründet worden. Es übernahm die Rolle des verhaßten omajjadischen Damaskus; hier flossen alle Fäden des riesigen Reiches zusammen, das sich im Osten bis zu den Tälern des Indus, im Norden bis weit über Samarkand, im Westen bis hin zum Magreb und im Süden bis zum Horn von Afrika zog. Man baute schnell aus sonnengetrockneten Lehmziegeln. So entstand in nur vier Jahren eine Metropole, die man in Erinnerung an das Paradies »Stadt des Friedens« (*Madinat as-Salam*) nannte. Kaum etwas ist jedoch von ihr erhalten geblieben. Sie soll kreisförmig gewesen sein, mit einem Durchmesser von 2500 Metern. Ihr Plan sollte nach dem iranischen Vorbild Firusabad die himmlischen Verhältnisse widerspiegeln. Man könnte dabei an einen großen Zodiakus denken, wofür die überlieferte Zahl der vier Tore, der zwölf Straßen usw. spricht. In ihrer Mitte – wie die Sonne im Zodiakus – erhob sich der Palast, unter dessen grüner Kuppel der Kalif nicht mehr in der Schlichtheit der ersten islamischen Herrscher, sondern prunkvoll nach Art der Perser und Byzantiner seine Minister und Besucher empfing. Im Laufe der Zeit war aber die Lage des Palastes in der Mitte der Stadt unsicher geworden, weil man dort in ständiger Angst vor Unruhen und Mördern, die nach dem Leben des Kalifen trachteten, lebte. So entschloß man sich, neue Paläste am Ufer des Tigris, weit ab von der Stadt und ihren Basaren, zu errichten. Sie wurden bald zu stummen Zeugen der Eskapaden, Affären und Intrigen der Kalifen, mindestens seit der Regierungszeit al-Mahdis, der wie viele andere Abbasiden in »1001 Nacht« verewigt worden ist. (I 186, IV 674, VI 550). Besonderen Einfluß auf die Abbasiden gewannen die langsam erstarkenden Barmakiden, die zwar noch im 7. Jahrhundert in Baktrien Buddhisten gewesen waren, aber schon mit der abbasidischen Revolution erkannt hatten, daß der Islam zur Staatsreligion wurde und daher nicht umgangen werden konnte. Sie unterstützten die neuen Usurpatoren, was ihnen deren Gunst einbrachte. Über sie gelangten nicht nur iranische, sondern auch alte buddhistische Weisheitslehren in das größte erzählerische Werk der arabischen Literatur.

Hier, in den Palästen am Tigris, verlebte Harun genüßlich seine Jugend. Die Bildung, die man ihm angedeihen ließ, umfaßte neben Koranexegese und Rechtswissenschaften auch Astrologie, Musik und Dichtung, aber auch die Praxis politischen Handelns. Lange Zeit stand er unter dem Einfluß des weisen Barmakiden Jahja ibn Chalid, von dem unter anderem erzählt wird:

Jahja ibn Chalid, der Barmekide, verließ eines Tages das Schloß des Kalifen, um sich nach Hause zu begeben; da sah er an der Haustür einen Mann sitzen. Als er näher herantrat, stand der Mann auf, grüßte ihn und sprach: »O Jahja, ich bedarf dessen, was in deiner Hand ist, und ich mache Allah zu meinem Fürsprecher bei dir!« Da befahl Jahja, ihm einen Raum im Hause zu geben, und er hieß den Schatzmeister ihm jeden Tag tausend Dirhems bringen, und ferner ordnete er an, man solle ihm von seinen besten Gerichten auftragen.

Karawanserei-Atmosphäre, hier in einem Stich aus dem 19. Jahrhundert, mit
deutlich türkisierenden Zügen. Die Karawanserei galt in der Rezeption des
Orients als Ort der Märchenentstehung, was sich zum Beispiel in den Erzählungen
»An Nachtfeuern der Karawan-Serei. Türkische Nomaden-Märchen« (1956–57)
von Elsa Sophia von Kamphoevener niederschlug.

*Auf diese Weise lebte der Mann einen Monat; und als der Monat
abgelaufen war, hatte er dreißigtausend Dirhems erhalten. Da der
Mann nun befürchtete, Jahja könne wegen der Höhe der Summe ihm
das Geld wieder abnehmen, so ging er heimlich davon. (...) Als Jahja
davon Kunde erhielt, sprach er: »Bei Allah, hätte er auch sein ganzes
Leben bei mir verweilt, bis ihn der Tod ereilt, ich hätte ihm nie meine
Spende entzogen, noch ihn um die Wohltat meiner Gastfreundschaft
betrogen!«*
*Keine Zahl kann die Vorzüge der Barmekiden umfassen, und ihre
Eigenschaften waren so herrlich, daß sie sich nicht beschreiben
lassen, vornehmlich aber Jahjas ibn Chalid, denn er war aller*

Die aus dem Geist persischer Miniaturen entsprungene Szene mit den klassischen Haremssymbolen, Schale und Langhalskanne, ist typisch für die Palastgärten und den herrschaftlichen Zeitvertreib mit musikalischer und tänzerischer Umrahmung.

> *Tugenden Hort, und so heißt es von ihm in des Dichters Wort:*
> *Die Güte fragt ich: Bist du frei? Sie sagte: Nein,*
> *Ich muß dem Sohne Chalids, Jahja, Sklavin sein.*
> *Drauf ich: Bist du gekauft? Sie sagte: Das sei fern!*
> *Als seiner Väter Erbe diene ich ihm gerne. (III 496f.)*

Die Erziehung und Einflußnahme lag nicht nur in den Händen gelehrter und weiser Männer, sondern ging auch vom Harem aus, in dem Frauen, Kinder und Eunuchen ein bunt schillerndes Leben führten, über das die »Königinmutter« dominierte. Sie, die frühere jemenitische Sklavin Khaizuran, Mutter beider Kalifen, unterhielt intensive Kontakte nach außen und bestimmte nicht selten auch die Staatsgeschäfte. Die Zeit der religiös begründeten Einschränkungen in Leben der Frauen, von der heute so oft gesprochen wird, war noch kaum spürbar, wovon viele Erzählungen von Scheherazad zeugen.

Nachdem al-Hadi nach einem Jahr des Kalifats von seinem Bruder beseitigt worden war, übernahm Harun die Macht, nicht ohne die Hilfe seiner Mutter und der Barmakiden. Er entschied über Leben und Tod seiner Untertanen. Bagdad wurde so zum Objekt seiner persönlichen Beobachtung und Kontrolle, die er auch bei seinen nächtlichen Unternehmungen durchführte. Voller Neugier schlich sich Harun er-Raschid (der Gerechte) durch die Gassen und Basare seiner Stadt, von Haus zu Haus, von Feuer zu Feuer, bis zu einem Platz, an dem er plötzlich Geschichten zu lauschen begann, die im Hof einer Karawanserei bis tief in die Nacht hinein erzählt und gesungen wurden. Dort trafen sich Kaufleute, Pilger, Wanderer, aber auch damalige »Weltenbummler«. Sie verdienten ihren Unterhalt – wie das der orientalischen Tradition entsprach – mit Erzählungen, die sie auf ihren Reisen gehört, erlebt oder erfahren hatten. Die unendlichen Geschichten bahnten sich an, Geschichten, die zu hören man gerne noch an Orten verweilte, die man längst verlassen hätte, wenn nicht die Erzähler gewesen wären, die ihre Geschichten, wenn sie am spannendsten wurden, abbrachen. Man wollte mehr hören, um es in die eigene Welt weiterzutragen, in eine Welt, die süchtig war nach Erlebnissen und Ereignissen. Das Medium Wort war beinahe das einzige, das man im mantrischen Sinne beherrschen wollte, oft mit Mitteln von Musik und Dichtung. Letztere bedingte noch eine andere Erfahrungsdimension, eine mystische Erfüllung des Traumes vom Paradies, von Wunschvorstellungen und labyrinthischen Abenteuern eines Sindbad. Ob am Feuer einer Karawanserei, ob in einer Basarkaschemme, ob im Palast bei der Tafelrunde – überall saßen, wenn die Sonne ihren Tageslauf beendet hatte, Männer aller Stände, aßen und tranken und erzählten von ihrer Heimat, ihren Sitten und Bräuchen. Manchmal erschienen auch Frauen, die in der frühislamischen Periode mehr Freiheiten genossen als später. Sie erfreuten die Zuhörer mit ihrer Weiblichkeit und Schönheit – die in arabischen Erzählungen mit dem Mond verglichen wird –, aber auch mit Musik, Tanz und Gesang, die sie als geübte Leierspielerinnen kunstvoll mit ihren Geschichten verflochten (III 695).

Besonders prachtvoll und ausgelassen dürften solche Erzählrunden im Khuld-Palast (Palast der ewigen Seligkeit) gewesen sein. Zwar ist auch von diesem Palast nichts erhalten geblieben, aber Ausgrabungen von

Städten und Residenzen aus der Abbasidenzeit (Ukhaidir und Samarra) und spätere Berichte der byzantinischen Gesandten Johannes Rhadino und Michael Toxaras des Kaisers Konstantin VII. Porphyrogennetos (905/908–959) zum Kalifen al-Muqtadir (908–932) lassen ein Bild entstehen, das sich oft mit manchen Beschreibungen aus »1001 Nacht« zu decken scheint:

Was man im Palast des Befehlshabers der Gläubigen nicht alles aufgehängt hatte an Vorhängen aus Goldbrokat, verziert mit prachtvollen Goldstickereien, die Kelche, Elefanten, Pferde, Kamele, Löwen, Vögel darstellen, und die vielen großen Wandbehänge (...), einfarbig oder mit Mustern geschmückt. Und es gab 38 000 bestickte Vorhänge, darunter 12 500 Vorhänge aus Goldbrokat. Wie viele längliche Teppiche in den Korridoren und Höfen, auf die die Kadis und die Gesandten des Königs von Griechenland (Byzanz) traten, wenn sie von dem einen Ende, vom Bab al-Amma al-Dschadid genannten Tor bis zu al-Muqtadir schritten (...) gar nicht zu reden von den Teppichen in den Privatgemächern und den Audienzsälen, die aus Filz aus Tabaristan und Dabiq angefertigt waren, die nur angesehen und nicht mit den Füßen betreten werden durften. Es waren 22 000 an der Zahl.

Die Gesandten des Kaisers der Griechen wurden durch das Vestibül des großen Tores Bab al-Amma bis zu dem Palast geführt, der Khan al-Khail genannt wird und zu einem großen Teil aus Portiken mit Marmorsäulen besteht. In diesem Gebäude, auf der rechten Seite, hielt man 500 Stuten, die 500 goldene und silberne Sättel ohne Satteldecken trugen, und auf der linken Seite 500 Stuten, die Schabracken aus Brokat mit langen Hauben trugen (...) Man ließ sie dann in die Gehege der wilden Tiere eintreten, danach zu einem Palast, wo sich vier mit Brokat und bunter Seide geharnischte Elefanten befanden: Auf dem Rücken jedes Elefanten saßen acht Männer aus Sid und mit Feuerlanzen bewaffnete Pyrotechniker, was die Gesandten in Angst und Schrecken versetzte. Daraufhin führte man sie zu einem Palast, in dem 100 Löwen eingesperrt waren, fünfzig rechts, fünfzig links, wobei jeder Löwe von einem Wächter an der Leine gehalten wurde, und jeder trug Ketten und Eisenreifen um Kopf und Hals. Dann wurden sie zu dem modernen

Die orientalischen Visionen des Art-deco-Malers René Bull mit geheimnisvollen Städten (zum Beispiel der Messingstadt) verkennen, daß »1001 Nacht« von Städten berichten, die nicht aus islamischer Zeit stammten und daher nicht die Merkmale islamischer Architektur trugen. Es ging also mehr um eine orientalisierende Stimmung als um eine mit dem Text korrespondierende Bebilderung.

Kiosk geführt; das war ein Palast zwischen zwei Obstgärten, in dessen Mitte sich ein Zinnsee befand, der von einem Kanal aus Zinn umflossen wurde, das heller strahlte als poliertes Silber. Die Länge des Sees betrug dreißig Ellen, die Breite zwanzig. Dort sah man vier leichte, elegante Schiffe, die vergoldet und mit Stoffen aus bestickten Dabiq ausgeschmückt und mit vergoldetem Dabiq bedeckt waren. Um diesen See herum erstreckte sich ein Obstgarten, in dem Palmen wuchsen; es heißt, daß ihre Anzahl 400 betrug und ihre Höhe fünf Ellen maß. Der ganze Baum war mit geschnitztem Teakholz bedeckt, vom Fuß bis zur Krone, und von rotgoldenem Kupfer umgeben (...) Dann führte man die Gesandten von diesem Palast in den Palast des

Eine zeichnerische Rekonstruktion typischer islamischer Gartenarchitektur, von der auch Scheherezad erzählt und die oft zum Ort des Geschehens wurde. Bei dem heißen Klima des Orients spielte der Garten eine wichtige Rolle.

Baumes, wo sich inmitten eines großen kreisförmigen Beckens, das klares Wasser enthielt, ein Baum befand. Dieser Baum hatte 18 Äste, von denen jeder zahlreiche Zweige trug; auf denen saßen vergoldete und versilberte Vögel von jeder Art und Größe. Der größte Teil der Äste des Baumes war aus Silber, einige vergoldet. Sie bogen sich zu bestimmten Zeiten und trugen verschiedenfarbige Blätter, die sich bewegten, wie wenn der Wind die Blätter der Bäume bewegt, während jeder dieser Vögel pfiff und gurrte. (CLOT, 51f.)

Nicht sehr verschieden klingen die Beschreibungen von Palästen in »1001 Nacht«, was den Erzählungen den besonderen Reiz scheinbarer Realität verleiht. So lesen wir in einem der ältesten arabischen Manuskripte der »1001 Nacht« aus dem 14. Jahrhundert:

Als wir uns gesättigt hatten an Speis und Trank, brachten sie uns zwei vergoldete Becken, in denen wir die Hände wuschen. Es gab auch Weihrauch, mit dem wir uns parfümierten. Darauf reichten sie mit Moschus und Rosenwasser gefüllte Schalen aus Gold und Kristall, die mit Edelsteinen versetzt und an denen aus Kampfer und Ambra gefertigte Figuren befestigt waren; nachdem wir uns daran erfreut hatten, kehrten wir zu unseren Liegen zurück. Dann befahl uns das Mädchen aufzustehen, und wir folgten ihm zu einem anderen Zimmer. Als es die Tür geöffnet hatte, fanden wir uns in einem Raum, dessen Boden bedeckt war mit einem seidenen Teppich, unter einer Kuppel getragen von 100 Säulen, an deren Basis jeweils im Goldbad vergoldete Vögel oder andere Tiere standen. Wir setzten uns und bewunderten den Teppich mit seinem goldfarbigen Hintergrund und seinen Bildern von weißen und roten Rosen, mit entsprechenden Farben und Mustern in der Kuppel. In diesem Raum standen auf Tischen mehr als 100 aus Kristall und Gold gefertigte, mit allen Arten von Edelsteinen geschmückte große Teller. Am oberen Ende des Raumes befanden sich zahlreiche Fenster und vor jedem ein schönes Sofa, bezogen mit Stoff in den verschiedensten Farben. Die Fenster öffneten sich auf einen Garten, der aussah, als sei auch er bedeckt mit dem Teppich des Kuppelsaales. Dort floß Wasser aus einem größeren in einen kleineren Teich, der umgeben war von süßem Basilikum, Lilien und Narzissen in Töpfen, die mit Gold eingelegt waren. Der Garten war voll dichter Bäume mit reifen Früchten, die nach jedem Windstoß auf das Wasser herabfielen, und Vögel aller Arten flogen ihnen hinterher, sie flatterten mit ihren Flügeln und sangen verschiedenste Melodien. (BEHRENS-ABOUSEIF, 55f.)

Weil man grundsätzlich die nicht dauerhafte Lehmziegelarchitektur verwendete, konnte man schnell, beinahe wie ein Bühnenbild, imposante Paläste errichten (alleine in Bagdad gab es angeblich 23), die erst durch ihre Ausstattung eine imperiale Pracht entfalteten, die stark von vorislamischen Vorbildern geprägt war. Sie waren von weitläufigen, beinahe paradiesischen Gärten voller Kanäle und Springbrunnen umgeben, die man mit den noch in Granada erhaltenen vergleichen könnte. Die Innensäle waren mit Teppichen, Kissen und Stoffen ausgelegt und boten durch ihre kuppelartige Konstruktion ein angenehmes Klima für die großen Gelage, die dort stattfanden. In der französischen Version der »1001 Nacht« von Joseph Ch. Mardrus (1868–1949) findet sich eine märchenhafte Beschreibung einer dieser Säle:

> *Es war ein von einer Kuppel überwölbter Saal. Sie wurde ihrerseits von achtzig durchsichtig schimmernden Säulen aus reinstem Alabaster getragen, deren Basen und Kapitelle sehr kunstvoll geschnitzt und mit goldenem Vögeln und vierbeinigen Tieren verziert waren. Und diese Kuppel war ganz ausgemalt, auf goldenen Untergrund, mit farbigen Linien, die das Auge erfrischten. Es waren dieselben Bilder wie auf dem großen Teppich, mit dem der Saal ausgelegt war. Und in den Räumen zwischen den Säulen standen große Töpfe mit wunderbaren Blumen oder einfach große Schalen, die zwar leer, aber für sich allein schön und aus Jade, Achat oder Kristall angefertigt waren. Und dieser Saal führte auf ebener Erde in den Garten, an dessen Eingang kleine bunte Kiesel das gleiche Muster wie auf dem Teppich bildeten: Das bewirkte, daß die Kuppel, der Saal und der Garten unter freien Himmel und dem stillen Azur ineinander übergingen.* (CLOT, 52f.)

In solcher Szenerie schien sich das Wort mit der Umgebung zu verweben, so daß man glaubte, verzaubert zu sein. Die *nadim* (Gefährten) des Kalifen, Intellektuelle und Künstler, die mindestens zweimal wöchentlich auch mit ihm den Wein genossen, waren verpflichtet, dem «Beherrscher der Gläubigen« geistige Entspannung durch Konversation und schließlich auch Erzählungen zu verschaffen. Man spielte Schach (III 693), und die besten Spieler erhielten von den Kalifen sogar eine feste Pension. Die langen Nächte wurden von dem Kalifen besonders bevorzugt, wenn Dichter, Musiker und Sänger da waren. Einige, wie zum Beispiel Abu Nuwas, Abbas al-Aqhnaf, Salm al-Kaschir oder Merwan, sind bekannt geworden. Sie alle wurden märchenhaft entlohnt, die Zahlenangaben von Historikern wie Ma'sudi oder Tabari sind atemberaubend. Tausende und aber Tausende, aber auch Millionen von Dirhanen gab der verschwenderische Kalif denen, die ihn ergötzen konnten.

Diese Tatsache bestätigt, daß man das gesprochene oder gesungene Wort sehr hoch schätzte, wie das noch heute in einigen christlich-aramäischen Siedlungen Syriens der Fall ist. Das hat der deutsche

Typisches Gelage in der frühislamischen Miniaturmalerei mit allen dazugehörigen Insignien, von denen uns erzählt wird.

Orientalist Werner Arnold an zahlreichen Beispielen aus Malula, Bach'a und Dschbbadin gezeigt. Er stellte fest: »Für die Aufnahme der Märchen war ein Brauch nützlich, der in den Aramäerdörfern Schahertha genannt wird. Darunter versteht man das gesellige Beisammensein am Abend, das sich besonders in den Wintermonaten, wenn es keine Arbeit auf den Feldern gibt, bis zum frühen Morgen ausdehnen kann.« (ARNOLD, 256) Die lebendige mündliche Tradition stand auch schon Antoine Galland (1646–1715) zur Seite, wenn man bedenkt, daß die fast synonymisch mit »1001 Nacht« verbundenen Geschichten von »Ali Baba und den vierzig Räubern« und »Aladdin und seine Wunderlampe« ihm erst von dem syrischen Christen Hanna Diyab erzählt wurden, bevor er sie in seine in französischer Sprache publizierte Sammlung der »1001 Nacht« (1704–1717) – die erste europäische Ausgabe – aufnahm. Diese noch sehr lebendige Tradition, die auch die Motive und Themen aus »1001 Nacht« kennt (ARNOLD, 204f.), hinterläßt ihre deutlichen Spuren auch bei dem in Deutschland lebenden Syrer Rafik Schami, der übrigens in Malula geboren wurde (1946) und Märchen schreibt.

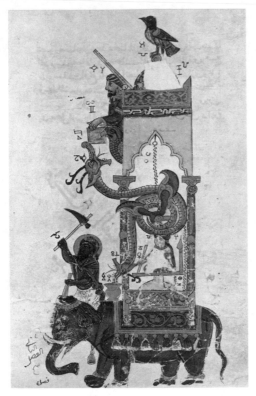

Eine Wasseruhr, die möglicherweise schon Karl der Große als Gabe des Kalifen in Empfang nahm. Von einer solchen Uhr wird auch noch auf Sizilien berichtet.

Der damalige Stellenwert des Wortes läßt sich in einer Zeit, in der man mit allen nur erdenklichen Medien konfrontiert ist und in der das Wort oft zur Floskel verkommt, kaum noch ermessen. In einer früheren Gesellschaft, in der meist nur heilige Bücher als geschriebenes Wort ihre besondere Funktion hatten, stellte die schriftliche Mitteilung eine einzigartige Ausnahme dar. Über das meiste wurde nur gesprochen. Die vorgetragene Erzählung entwickelte sich zu einer Kunst, nach der man strebte und die man zu beherrschen suchte. Die Rhetorik – die heute nur noch als antiquierte Gabe betrachtet wird – war seit dem mythischen Zeitalter der Menschheit die praxisbezogene Disziplin, die, mit Dichtung gepaart, die Blüten des ewigen Geistes geschaffen hatte und ebenso belohnt wurde wie heute die meist sprachlosen Stars. Die Moderne vergaß, daß durch Mündlichkeit unmittelbares Erleben entstand. Zwar treffen sich noch heute Menschen an ihren immer seltener werdenden Stammtischen, um zu erzählen, aber auch, um denen zu lauschen, die erzählen können. Diese urmenschliche Sehnsucht drohte jedoch zu verschwinden. Zumindest glaubte man das, bis es plötzlich wie aus dem Nichts zu einer Renaissance der Märchenerzähler gekommen ist, die man wie damals einfach bestellen oder mieten kann. Unterschiedliche Erklärungen für die Rückkehr der Erzählung sind möglich. Sicher scheint aber, daß man sich in der von leeren Floskeln übersättigten Gesellschaft nach einer Rückkehr der archaischen Ausdrucksformen sehnt, nach der »Rückkehr zum Mythos«, wie das Raimon Panikkar nannte. Er erkannte: »Eine Sprache ist mehr als ein Werkzeug, sie ist ein Leib, ein Teil von einem selbst, ein Teil, der gewissermaßen für das Ganze steht, ein *pars pro toto*. Eine Sprache ist eine Weise, die Welt zu sehen und letztlich, in der Welt zu sein. (PANIKKAR, 12)

Das Theater als künstlerische Ausdrucksform ist (trotz einiger Auswüchse) bis heute lebendig geblieben; es vermittelt etwas von der Atmosphäre, in der der Erzähler das Publikum mit der Gabe des gesprochenen Wortes entrücken kann, mit der Fähigkeit, eine andere Welt entstehen zu lassen, in die man eintaucht, um sich dem Gang des Alltags zu entziehen. Aber auch umgekehrt wurde die Erzählung in ihrer Farbenprächtigkeit und mit der Vielfalt der Personen und Geschehnissen zur Aufführung, im Osten wie im Westen.

Diese Verbalisierung der orientalischen Pracht, die den Orient zum Traum des Abendlandes werden ließ, zum Symbol eines unerschwinglichen Luxus, spiegelte sich schon in der ersten Kunde von Harun er-Raschid auf dem Aachener Markt, auf dem am 20. Juli des Jahres 802 plötzlich ein weißer Elefant erschien. Seine Geschichte ist schnell erzählt und hängt zusammen mit der gelungenen Flucht des letzten Omajjaden Abdelrahman nach Andalusien und der maurischen Expansion in Europa (Schlacht bei Poitiers 732). Das Frankenreich sah sich unwillkürlich als Verbündeter der Abbasiden, deshalb sandte schon Pippin († 768) Botschafter nach Bagdad, die ihm »prachtvolle Geschenke« zuückbrachten, die aber in erster Linie eine Bündnispolitik verfolgen sollten. Die Situation wurde komplizierter, nachdem das karolingische Reich die Einflußsphäre der Omajjaden entlang der Pyrenäen hinnahm und Karl der Große (742–814) sich mit den Byzantinern über die Teilung der imperialen Macht zu unterhalten begann, insbesondere, weil die Frage Jerusalems und der dort lebenden Lateiner bedeutsam geworden war. Um 797 kam es dort zu Ausschreitungen, bei denen nicht nur 18 Mönche von Beduinen ermordet, sondern auch einige christliche Gemeinden Jerusalems geplündert worden waren. So sandte Karl eine diplomatische Mission nach Bagdad, die die Lage der Christen im Orient sichern und erleichtern sollte. Es reisten Lantfried und Sigismund in Begleitung eines Juden namens Isaak, der als Dolmetscher fungierte. Er kehrte als einziger nach drei Jahren zurück und brachte das Geschenk des Kalifen, den Elefanten Abu l-Abbas, nach Aachen. Mit ihm kamen auch zwei Würdenträger des Kalifen, die Karl der Große in Vercelli empfing und die ihn reich mit Affen, Balsam, Narde, Weihrauch, Düften und Medikamenten beschenkten. Sie blieben einige Monate am Hofe des Kaisers und kehrten dann zurück, um noch eine weitere Gesandtschaft des Kalifen zu veranlassen. Über diese wird in den Annalen wie folgt berichtet:

Des Kaisers Gesandter Radbert starb auf der Rückreise aus dem Morgenlande; der Gesandte des Perserkönigs (es ist der Kalif gemeint) mit Namen Abdella erschien mit den Mönchen Georg und Felix aus Jerusalem, die im Auftrag des Patriarchen Thomas kamen – dieser Georg ist Abt auf dem Ölberg, von Geburt ein Deutscher und heißt eigentlich Egibald –, vor dem Kaiser und überbrachte die Geschenke, die der obengenante König dem Kaiser geschickt hatte, nämlich ein Zelt und verschiedenfarbige Vorhänge für den Vorhof von ungemeiner Größe und Schönheit; es war nämlich alles aus feinstem Leinen, die Vorhänge sowohl als die Schnüre dazu, bunt gefärbt. Außerdem bestanden die Geschenke des Königs in vielen und kostbaren seidenen Gewändern, in Wohlgerüchen, Salben und Balsam. Auch ein höchst kunstvoll aus Messing gearbeitetes Uhrwerk war dabei, in dem der Lauf der zwölf Stunden nach einer Wasseruhr sich bewegte mit ebensoviel ehernen Kügelchen, die nach Ablauf der Stunden herunterfielen und dadurch ein darunter liegendes Becken erklingen ließen, ferner waren darin zwölf Reiter, die am Ende der Stunde aus zwölf Fenstern herauskamen und durch ihre Bewegung ebenso viele zuvor offenstehende Fenster schlossen; noch vieles andere befand sich an dieser Uhr, was jetzt aufzuzählen zu weitläufig

wäre. Außerdem befanden sich unter den Geschenken zwei Messing-
Leuchter von ausgezeichneter Größe und Form. Das alles wurde in
der Pfalz zu Aachen vor den Kaiser gebracht. Der Kaiser hielt den
Gesandten und die Mönche eine Zeitlang bei sich und ließ sie dann
nach Italien abreisen, wo sie die Zeit zur Überfahrt abwarten
sollten. (SCHMITT, 83)

Infolge dieser Begegnungen zwischen Okzident und Orient und den
kriegerischen Auseinandersetzungen mit den expandierenden Omajjaden auf der Iberischen Halbinsel gelangten arabisierende orientalische
Erzählungen, so etwa das Sindbad-Buch, in den Westen, wo sie in hebräischen, französischen und spanischen Versionen schon seit dem 11. Jahrhundert in Umlauf waren, um später zu einem der populärsten Bücher
des Abendlandes zu werden, ohne jedoch der Sammlung aus »1001 Nacht«
anzugehören. Zunächst aber soll nach der Entstehung von »1001 Nacht«
gefragt werden.

Man glaubt sich an die alte Zeit zu erinnern, an den Kreis am Feuer
der Karawanserei, in dem unbemerkt Harun er-Raschid seinen Platz
einnahm, um halb im Traum den Worten des Erzählers zu lauschen. Oft
schienen sie ihn sehr bewegt zu haben, dann belohnte er die Erzähler mit
größeren Geldbeträgen, aber er äußerte auch den Wunsch, daß »es sich
gebührt, daß solche Geschichten mit goldener Tinte aufgezeichnet
werden« (I, 291) sollten.

Das stellte damals, nachdem im Jahre 793 aus China das Wissen um die
Papierproduktion nach Bagdad gekommen war, kein allzu großes Problem mehr dar. Das Schreibmaterial, das erst im 10./11. Jahrhundert nach
Europa gelangen sollte, war also vorhanden. Die Verbindungen nach
China über die berühmten (und berüchtigten) »Seidenstraßen« brachten
aus dem Fernen Osten nicht nur Papier, Porzellan, Seide, Jade und vieles
mehr, sondern auch Bücher, Bilder und alle möglichen Erzählungen,
deren Inhalte zwischen Tatsachen und Imaginationen oszillierten, bevor
sie Eingang in die »1001 Nächte« fanden.

Im allgemeinen geht man davon aus, daß die Sammlung, die deutlich
indo-persische Strukturen trägt, in Bagdad in der Zeit des abbasidischen
Kalifs Harun er-Raschid (766/786–809) entstanden ist. Das hat schon
Richard Burton (1821–1890), einer der skurrilsten Übersetzer der Erzählungen aus »1001 Nacht«, bemerkt. Dafür spricht unter anderem die

Tatsache, daß man den Kalifen selbst in die Erzählungen aufnahm, wodurch ein historischer Rahmen gebildet wurde und zugleich eine pro-abbasidische Propaganda ihren Lauf nahm. Deshalb geben auch einige Geschichten historische Tatsachen wieder, zu denen unter anderem der Einfluß der Familie des Wesirs Dscha'far, des aus Baktrien stammenden Barmakiden, gehört. Ihre Angehörigen werden als klug und gütig dargestellt, etwa in der »Geschichte von dem Großmut des Barmekiden Jahja ibn Chalid gegen Mansur« (III 195ff.) oder in anderen schon zitierten Episoden. Damit gewannen die Erzählungen auch politische Aktualität, indem sie in der Zeit ihrer Entstehung unterschwellig eine Begründung für die besondere Freundschaft und Abhängigkeit zwischen dem Kalifen er-Raschid als »Beherrscher der Gläubigen« (das heißt der Muslime) und den Barmakiden lieferten.

Man muß dabei bedenken, daß die Perser – ethnisch und sprachlich von den Arabern sehr verschieden – die ersten waren, die ihre eigene Sprache behielten, indem sie die arabische Schrift annahmen. Dadurch schufen sie die Grundlage für Kommunikation und Literatur, die für Jahrhunderte für Zentralasien und damit auch für die Turkvölker, die bald die Oberhand gewinnen sollten, entscheidend sein sollte. Die historischen Ereignisse, die später – nach 803 – folgten und die die brutale Liquidierung dieser einflußreichen iranischen Familie mit sich brachten, werden nicht mehr erwähnt, auch nicht die Verlagerung der Macht des Kalifen in die neue Residenzstadt Raqqa. So vermitteln die geschönten Geschichten über den in Wahrheit nicht gerade zimperlichen Kalifen das Bild eines gerechten Herrschers, der den Zusatznamen »er-Raschid« mit Recht verdient habe. Zugleich erreichte man damit die beabsichtigte politische Wirkung. Darin sind möglicherweise auch die Gründe zu sehen, warum man diese Erzählungen aufzuschreiben begann. Man wollte einen Schleier über die blutrünstigen Taten ziehen, die wie ein roter Faden die Handlungen der mächtigen und beinahe heiligen abbasidischen Kalifen begleiteten. Der Kalif (Gottgeleitete) war nämlich nicht nur der weltliche, sondern auch der religiöse Herrscher; er war als Nachfolger Muhammeds Repräsentant der »Macht Gottes auf Erden«. Deshalb zog er bei jeder feierlichen Gelegenheit den Mantel des Propheten an und hielt den Stab in Händen im tiefen Glauben an seine Mission als »Befehlshaber der Gläubigen«.

Die Städte, von denen die Erzählungen aus »1001 Nacht« berichten, bleiben in erster Linie Bagdad (bei Littmann Baghdad) und Bosra. Bagdad als Zentrum für Gelehrte und Dichter, die sich im »Hause der Weisheit« versammelten, ist auch die Stadt, in der die ersten Geschichten aus »1001 Nacht« aufgeschrieben worden sind. Schon el-Mas'udi (896–956), ein bekannter arabischer Polyhistor, berichtet in seiner berühmten historisierenden Enzyklopädie »Murudsch edh dhahab« (Die Goldwäschen und Edelsteinminen) von der Existenz dieser wunderbaren Geschichten, »die als Übersetzungen aus dem Persischen, Indischen und Griechischen auf uns gekommen sind. Wir haben darüber gesprochen, wie sie aufgebaut sind, zum Beispiel die ›Hezar afsane‹. Die arabische Übersetzung lautet ›Alf chorafa‹ (Tausend fiktive Geschichten). Es ist die Geschichte eines Königs, eines Wesirs, der Tochter des Wesirs und deren Sklavin. Die beiden letzteren heißen Schirazad und Dinazad. Es gibt ähnliche Werke wie ›Das Buch von Farsa und Schimas‹, das Anekdoten über die Könige von Indien und ihre Wesire enthält. Außerdem gibt es das ›Buch von Sindbad‹ und andere ähnliche Sammlungen.« (IRWIN, 64f.)

Dieser Bericht bestätigt sich in einem nicht allzu viel später geschriebenem Buchkatalog (arab. *Kitab el-Fihrist*) eines Antiquars und Buchhändlers, Ibn en-Nadin, der um 990 starb. Er weist unter anderem auf den sassanidischen Ursprung dieser Sammlung hin. Die Zeit der Sassaniden, der letzten vorislamischen Dynastie Persiens (226–642), die eine kulturelle Blüte auszeichnete, war auch reich an epischen Werken, die noch lange das geistige Leben des Orients beflügelten. Nizami (1141–1209), ein berühmter Dichter, war einer von denen, die die fünf großen Epen der nichtislamischen Vergangenheit an den zentralasiatischen Königshöfen in ihrer islamisierten Version allgemein bekannt gemacht haben. Es ist deshalb nicht verwunderlich, daß – noch bevor einige der Erzählungen aus »1001 Nacht« ins Französische übersetzt wurden – der Name Nizamis dank der »Bibliothèque orientale« von Barthélemy d'Herbelot (1625–1695) längst bekannt war.

Die von Nizami erzählten Königsgeschichten, unter anderem über Alexander den Großen (356–323 v. Chr.), Bahram V. (reg. 421–438), Chosrau (reg. 531–579) – die inzwischen in vorzüglicher deutscher Übersetzung von Johann Christoph Bürgel vorliegen –, fanden, wie viele andere Themen aus dem persischen literarischen Schatz, Eingang in »1001 Nacht«. Der kulturelle Beitrag Persiens für die frühislamische Zeit kann nicht hoch genug eingeschätzt werden. Hier liefen die vielen Fäden zusammen, die aus der Umwelt Persiens stammten und in die Erzählungen aus »1001 Nacht« eingingen. Es sind sehr unterschiedliche Quellen, nicht nur in sprachlichem, sondern auch in religionskulturellem Sinne. So finden sich chinesische, zoroastrische, manichäische, indische (vedische und buddhistische), griechische und jüdisch-christliche Spuren in den Erzählungen, die man aus dem alles verbindenden Gewebe kaum noch eindeutig herausfiltern kann.

Zwar sind uns Nizami und einige weitere seiner Dichterkollegen bekannt, wie etwa Firdousi (934–1020) mit seinem Meisterwerk, dem »Shahname« (Königsbuch), Fachruddin Gurgani mit dem höfischen Epos »Wis und Ramin« (um 1050) oder der in Ghazna wirkende Dichter Sana'i († 1141). Das Gros der möglichen Autoren der Einzelgeschichten, die in die Sammlung von »1001 Nacht« aufgenommen wurden, ist uns jedoch unbekannt, was sich auch aus ihrem oft volksnahen Charakter ergibt.

Harun er-Raschid gehörte der zweiten islamischen Dynastie (750–1258) an, die noch ihre Legitimität auf die Verwandtschaft mit Muhammed dem Propheten (570–632) zurückführte. In den Wirren und Aufständen gegen die angeblich zu weltlich gewordenen Omajjaden (661–750) ergriff Abu 'l- Abbas, genannt as-Saffah (der Blutvergießer), der sich in Kufa zum Kalifen ausrufen ließ (749), die Macht. In seiner kurzen Regierungszeit (bis 754) schuf er zusammen mit seinem Bruder und Nachfolger al-Mansur (754–775) mit eiserner Härte und Kompromißlosigkeit die Grundlage eines Staatssystems, das später zur glanzvollsten Periode islamischer Geschichte führte. Daran beteiligten sich die Kalifen al-Mahdi (775–785), al-Hadi (785/86) und schließlich auch Harun er-Raschid, der historische Held der Erzählungen aus »1001 Nacht«. Seine Söhne erstritten die Nachfolge, indem al-Amin (809–813) ermordet wurde und sein Halbruder al-Ma'mun als Kalif den Thron bestieg (813–833). In der Regierungszeit des ersteren entwickelten sich die Wissenschaften sprunghaft, besonders die intensive Übersetzungstätigkeit, die schon sein Vater Harun er-Raschid eingeleitet hatte, indem er berühmte Gelehrte (unter denen sich besonders Christen und Juden hervortaten) beauftragte, wichtige Schriften ins Arabische zu übersetzen. Dieses Werk setzte al-Ma'mun fort, auf dessen Veranlassung im »Haus der Weisheit« unter anderem namentlich bekannte Nestorianer mitwirkten.

Zu den bekanntesten gehörten Hunain ibn Ishaq (808–873) und sein Sohn Jakob († 911), der zum Islam übertrat.

Warum ist es zu solchen Konstellationen gekommen, in denen Nichtmuslime eine wesentliche Rolle gespielt haben, besonders in der Zeit der Omajjaden und Abbasiden? Dies zu erläutern, bedarf eines historischen Rückblicks. Kein kulturelles Phänomen kann ohne Rückerinnerung an Orte, Zeiten und Personen entstehen. Deshalb darf man nicht vergessen, daß die schnelle islamische Expansion durch kriegerische Stämme aus den Wüsten Arabiens eine hochzivilisierte Welt überrollte, die den Invasoren nicht nur in vielem überlegen war, sondern die auch aus Vertretern der Hochreligionen, der Juden, Christen, Parsen und Buddhisten, bestand. Andererseits war diese Welt auch hellenistisch geprägt, und ein religiöser Diskurs war in ihr nicht ungewöhnlich. Mit den Feldzügen Alexanders des Großen war nicht nur die Vorstellung mächtiger Herrscher bis nach Indien (und wahrscheinlich darüber hinaus) gelangt, sondern auch deren Sprache und Kultur. Es entstanden nicht nur das große Seleukidenreich (312 v. Chr.), sondern auch selbständige Königreiche, wie zum Beispiel in Baktrien. Der Hellenismus, der eine nie dagewesene Basis für einen kulturellen Austausch zwischen dem Nil- und dem Gangestal bot, hat seit dem 4. Jahrhundert v. Chr. ein synkretistisches Gebilde erzeugt, in dem nicht nur die vielschichtigen Kenntnisse aus dem Bereich der Geographie, Astronomie (und Astrologie), Naturwissenschaften und Philosophie zusammenflossen, sondern auch religiöse und mündliche Traditionen aufeinanderstießen. Diese Entwicklung setzte sich ungebremst fort, zuerst im Römischen Reich, das im Osten den Limes am Euphrat, an der Grenze zu Persien, errichtete, dann im Byzantinischen Reich, das zum Träger des Christentum als Staatsreligion wurde. An seiner Ostflanke stand die unüberwindbare Kraft des Persischen Reiches, im Süden im Niltal die Meroiten, dann die Aksumiten. Das bedeutete aber nicht, daß dies zugleich auch eine unüberwindbare Schwelle für Ideen und Religionen gewesen wäre. Sie gelangten in den Osten, aber auch umgekehrt in den Westen, wo man buddhistische und hinduistische Mönche und Asketen antraf und mit ihnen diskutierte, wie das etwa Klemens von Alexandria (um 140/150–220) tat. Der Austausch von Gedanken, Erzählungen, aber auch literarischer Werke – wenn man an die Berichte über die alexandrinische Bibliothek denkt – muß schon damals sehr umfangreich gewesen sein.

Nicht nur heilige Bücher, sondern auch buddhistische und konfuzianische Lehrsammlungen, Fabeln, astrologische und Traumbücher, Epen und Mythen (besser Mythologien), Geister- und Gruselgeschichten, naturwissenschaftliche und medizinische Abhandlungen, aber auch Dichtung wechselten die Besitzer. Der Handel mit Büchern war so alt wie der Gegenstand selbst.

Einige Herrscher fanden, daß man aus Prestigegründen nicht nur Harems, sondern auch Bibliotheken und wissenschaftliche Akademien unterhalten sollte. Diese Vorbilder waren am Vorabend des islamischen Sturmes lebendig. Der Siegeszug der Söhne der Wüste führte dann zu einer Konfrontation nicht nur der Religionen, sondern auch der Kulturen. Der Islam wäre ohne das Juden- und Christentum undenkbar gewesen. Er konnte sich aber erst behaupten, nachdem die Eroberer zuerst nicht an religiösem Eifer, sondern an Ausbreitung und Reichtum interessiert waren. Sie waren verblendet und geblendet, besaßen aber zugleich eine vorzügliche Anpassungsfähigkeit und übten anfänglich eine pragmatisch orientierte Toleranz gegenüber der noch nicht islamischen Mehrheit. Dem Islam ergeben, zugleich aber nicht abgeneigt, an den Errungenschaften der sich ergebenden Städte und Reiche zu partizipieren, schufen die Omajjaden ein Reich, in dem man zwar die Kirchen zu Moscheen umwandelte, zugleich aber gezwungen war, die Christen, die minderwertigen *dimmi*, weiterhin in der Administration, in der medizinischen Versorgung und in der Bildung zu belassen. Die Sprache der eroberten Völker war noch nicht Arabisch; als *lingua franca* benutzte man im Orient damals Aramäisch (Syrisch) und Griechisch. Um das zu ändern, war es notwendig, das Arabische – das übrigens auch schon einigen Christen bekannt und von ihnen benutzt worden war – nicht nur als *lingua sacra* des Korans zu verwenden, sondern auch zur Staatsprache des Reiches zu erheben. Damit war eine eilige Übersetzertätigkeit vorprogrammiert. Die dem Hellenismus sehr verhafteten Omajjaden übernahmen die Lebensweise der Besiegten. Überall begannen Paläste (Mschatta, Quseir Amra, Qasr al-Hair, Chirbet al-Mafdschar und andere) mit prachtvollen Reliefs, Mosaiken, Malereien und Badeeinrichtungen zu entstehen. Große Gelage gehörten zum Alltag. Es wurde aber nicht nur getrunken und gegessen, sondern auch genossen. Dichtung und Musik, Erzählungen und Dispute erfüllten das höfische Leben, das sich nicht nur in Damaskus, sondern auch in vielen über das Reich verstreuten prachtvollen Residenzen abspielte. Aus dieser Zeit scheinen auch die ersten Werke zu stammen, die so populär wurden, daß man sie illustrierte, wie zum Beispiel »Kalila und Dimna«. Trotz des Bilderverbots im Islam nutzte man sie für Privatzwecke, zum Beispiel für den Lehrunterricht der Prinzen und Prinzessinnen. Er fand meist in Harems statt. Diese Fabeln und Geschichten, die auf die »Pantschatantra« (»Fünf Bücher über die Lebensklugheit«), eine indische Version aus den ersten nachchristlichen Jahrhunderten, zurückgehen, wurden von den Erzählungen aus »1001 Nacht« assimiliert und mit ihnen verarbeitet. Deshalb kann man annehmen, daß noch viele andere indische und chinesische Quellen durch das persische Sieb geflossen sind und später ihren Weg in die arabische Version der Erzählungen aus »1001 Nacht« gefunden haben.

Nicht minder wichtig erscheinen Themen und Motive, die aus der altägyptischen, koptischen, semitischen und christlich-gnostischen Tradition in den arabischen Märchenschatz gelangten. Zu den Vermittlern gehörten christliche Schriftsteller, die Weisheiten und Lehren in die jeweiligen Nationalsprachen zu übersetzen suchten, Sprachen, die zum Teil erst mit dem Christentum eine kodifizierte Form gefunden haben, zum Beispiel Koptisch, Nubisch, Armenisch, Georgisch und nicht zuletzt auch Syrisch. In der letztgenannten Sprache entstand dann ein umfangreiches Schrifttum, das nicht nur theologische, sondern auch wissenschaftliche und literarische Werke umfaßte. In Edessa (heute Urfa/Türkei) und in Nisibis hatten sich in vorislamischer Zeit (etwa vom 4. bis zum 8. Jahrhundert) wichtige Forschungsstätten entwickelt, die man mit Universitäten vergleichen kann. Von ihnen kamen die Meister, die lange Zeit das Gelehrtenleben in Damaskus, Cordoba und Bagdad bestimmten. Die enge semitische Sprachverwandtschaft des Syrischen mit dem Arabischen erleichterte die Übersetzertätigkeit.

Die Übersetzungen dienten in erster Linie der wissenschaftlichen und theologischen Literatur; es entstanden jedoch auch viele Nebenprodukte in Form von Aphorismen, Weisheitsliteratur und Dichtung, die damals einen viel höheren Stellenwert als heute hatten. Wegen dieser Quellen ist die bis heute nicht endende und immer neu aufflammende Debatte über die Bedeutung dieser schriftlichen Überlieferungen für die Erzählungen aus »1001 Nacht« entstanden. Die Diskussion um die

Handschriften der Erzählungen aus »1001 Nacht«, die Robert Irwin in seinem Buch über »Die Welt von Tausendundeiner Nacht« zusammengefaßt hat, scheint aber die Bedeutung der Mündlichkeit zu verkennen. Man glaubt an die Notwendigkeit einer kanonischen Festlegung von Traditionen, die ihrem Wesen nach niemals kanonisch waren und es auch nicht sein wollten. Damit geht man in dieser Hinsicht jedoch zu stark von der europäischen Vorgehensweise aus. Die Geschichten aus »1001 Nacht« lassen sich nicht ohne weiteres mit der Grimmschen Märchensammlung vergleichen. »1001 Nacht« repräsentieren eine lebendige Kontinuität einer sehr alten mündlichen Tradition, die einerseits tief in die altorientalische Vergangenheit zurückreichte, andererseits noch lange, wahrscheinlich sogar noch bis in die Zeit von Antoine Galland, fortlebte. Es ist nicht auszuschließen – was einige der Märchenforscher hervorheben –, daß mit der populär werdenden französischen Version auch im Orient eine Renaissance dieser Tradition entstanden ist, in der man nach Sammlungen suchte, die man möglicherweise erst dann wieder aufzuschreiben begann.

Es erscheint bedenklich anzunehmen, daß die große Anzahl der Manuskripte von dieser oder jener Geschichte für deren besondere Popularität zeugt. De facto war es umgekehrt – man begann erst dann damit, einige Geschichten aufzuschreiben, als sie nicht mehr zum gängigen Repertoire gehörten. Ihre Lebendigkeit schwand, der Erzählstoff gewann eine neue Dimension, einige Themen gingen verloren, andere gewannen an Bedeutung. Man erkannte aber den Wert der schwindenden Erzählungen und fing an, sie schriftlich festzuhalten. Weil Mündlichkeit heute immer weniger vorhanden ist – denn das Erzählen beinhaltet ein Bildungsproblem –, ist schwer zu ermessen, wie sich der Verlust der Erzählkultur in der Zukunft noch auswirken wird. Mircea Eliade hat mit Recht darauf hingewiesen, daß die Mythologie, das heißt das Aufschreiben von Mythen, erst dann notwendig erschien, als man erkannte, daß die Mythen, an die man nicht mehr glaubte, zu sterben begannen. Solange Mythen lebendig sind, benötigten sie keine Kodierung. Hier liegt auch der grundlegende Unterschied zwischen mündlichen Religionstraditionen und Buchreligionen, die durch ihre Schriftlichkeit nicht das Wort als solches, sondern de facto das Bild des Wortes zum Sacrum erhoben haben, wodurch aber die mantrisch-mystische Wirkung des gesprochen Wortes verlorengegangen ist.

In den Erzählungen von »1001 Nacht« tauchen Motive und Themen auf, die schon den Assyrern und Babyloniern bekannt waren. Der deutsche Assyrologe Bruno Meissner hat schon 1917 in seiner Untersuchung über den weisen Achiqar Vergleiche zwischen dessen weisen Sprüchen – die 1906/7 unter den Elephantine-Papyri aus dem 5. vorchristlichen Jahrhundert gefunden worden sind – und denjenigen aus »1001 Nacht« gezogen und verdeutlicht, daß Weisheit lange lebt, weil ihre Essenz eine zeitlose Gültigkeit besitzt. Die Muslime übernahmen gerne vorislamische Aussagen, Metaphern und Bilder, besonders wenn sie dem Islam gut anpaßbare Werte weitervermitteln konnten. Deshalb fanden neben den schon erwähnten Tiergeschichten aus »Kalila und Dimna« auch der »Alexanderroman«, »Barlaam und Josaphat« und zahlreiche Ritterromane, die ins Arabische übersetzt worden waren, Eingang in die Erzählungen aus »1001 Nacht«.

Der Prozeß der Entstehung dieser Sammlung ist angesichts sehr vieler Redaktionen und Versionen kaum eindeutig auszumachen. Wenn wir die schriftliche Fixierung als Maßstab nehmen, so begann sie in der Zeit des Kalifen Harun er-Raschid, der in sechzig Erzählungen vorkommt, und zieht sich über Jahrhunderte hin. Historische Ereignisse wie die Kreuzzüge, die Eroberung von Damaskus durch die Mongolen oder die Herrschaft der Mamluken in Ägypten spiegeln sich in den Erzählungen wider, die damit ihren Sitz im Leben haben. Man kann nicht ausschließen, daß es aufgrund der besonderen Popularität der Gallandschen Ausgabe zu einer Renaissance der »1001 Nacht« kam, die man ab dem Ende des 18. Jahrhunderts zu redigieren begann beziehungsweise sogar neu kreierte, was angesichts der lebendigen Mündlichkeit im Orient angenommen werden kann. Das Problem der Anlehnungen und Entlehnungen von Motiven und Themen in »1001 Nacht« ist nicht minder endlos. Der bekannte Orientalist Gustav E. von Grunebaum hat gezeigt, wie manche antiken Vorbilder in »1001 Nacht« fortlebten. Dabei handelte es sich sowohl um Liebesromane, sonderbare Reisen und Trinksprüche als auch um Schwänke, die oft wie Spiegelbilder wirken.

Deshalb kann man die Erzählungen von »1001 Nacht« in erster Linie als eine endliche Sammlung unendlicher Geschichten betrachten, weil die Zahl 1001 – die in ihrer besonderen Bedeutung übrigens türkischen Ursprungs ist und in Ägypten erst um 1200 auftauchte – nichts anderes versinnbildlicht als Unzählbarkeit, wie zum Beispiel auch die alten

Ägypter mit der Formel »für Millionen und Millionen von Jahren« eine Unzählbarkeit der Zeit zum Ausdruck gebracht hatten. Zwar ist die Rahmenerzählung etwas künstlich auf die »1001 Nächte« aufgeteilt, sie erzeugt aber eine gewisse Zeitigkeit. Durch die verwobene Narrativität – in der die erzählenden Helden ihr Wissen aus Erzählungen von anderen, über die ebenfalls berichtet wird, weitergeben – entsteht eine labyrinthische Struktur, die zum universellen Kompendium menschlicher Leidenschaften, Träume, moralischer Entgleisungen und Hoffnungen auf das Gute und Reine wird. Deshalb bilden die Erzählungen inzwischen ein Universum, das nicht nur Kinder, sondern auch Erwachsene in seinen Bann zieht. Sie wirkten sich inspirierend auf die große Weltliteratur aus; wenn sie selbst nicht zu »1001 Nacht« wird, so sucht sie doch immer nach der »verlorenen Zeit«, die Marcel Proust begriff, indem er geglaubt hatte, die Zeit gewonnen zu haben. Deshalb stellt von Grunebaum mit Recht fest: »Indisches und persisches, jüdisches und griechisches, babylonisches und ägyptisches Gut wurde mit echt arabischen Elementen zusammen in eins geschmiedet von den unbekannten Meistern, denen der überwältigende Reichtum des Korpus von *Tausendundeiner Nacht* zu danken ist. Nach außen hin ist es die arabische Sprache, nach innen der Geist des Islam, was die vielfarbigen Fäden zu einem Teppich von blendender Schönheitsfülle zusammenschließt. In dieser Synthese des Verschiedenartigen bietet *Tausendundeine Nacht* im Kleinen ein Abbild der islamischen Kultur als Ganzes.« (GRUNEBAUM, 404)

II. SESAM – ÖFFNE DICH!

Und du bist der vergrabene Schatz, das Haupt meines Reichtums,
und die Perle, welche die Schönheit aller Götter ist.
Und ich bin die Wahrheit, die in deine Glieder gesät ist,
und die Statur der Seele, die Freude deines Nus.
Und du bist mein Geliebter und die Liebe in meinen Gliedern
und der heldische Nus, das Wesen meiner Glieder.
Und ich bin das Licht deines ganzen Baues,
deine obere Seele und Grund des Lebens.
(Aus den Manichäischen Hymnen; Gnosis, III 278, 51ff.)

Wer kennt sie nicht, die Zauberformel »Sesam – öffne dich!«? Eine
Formel (arab. *sumsum*), die fast jedes Kind schon einmal gehört oder
deren Wirkung es zumindest in einem der über zehn Filme gesehen hat.
Es sind Worte, die die »Geschichte von Ali Baba und den vierzig Räubern«
(II 791ff.) durchziehen und die das Geheimnis dieser Erzählung aus-
machen. Ali Baba, ein armer, rechtschaffener Mann, hatte einen reichen
Bruder namens Kasim. Ungewollt wurde er Zeuge eines seltsamen Er-
eignisses. Beim Holzsammeln in einer Bergeinöde sah er plötzlich vierzig
bewaffnete Reiter. Er floh vor ihnen und versteckte sich in der Krone
eines Baumes. Von dort sah und hörte er, wie bei den Worten »Sesam, öffne dein Tor!« sich eine Tür öffnete, durch die die Reiter, beladen mit
erbeutetem Gut, verschwanden. Nachdem sie wieder weg waren, versuchte er selbst mit dem gleichen »Talisman« die Tür »der Stätte, die von
den Geistern, den Marids, hergerichtet, verzaubert und durch einen
starken Talisman gebunden war« (II 796), zu öffnen. So gelangte er in das
Innere der Höhlen, die sich überraschend als helle Hallen voller
Reichtümer erwiesen. Geblendet und verzaubert nahm er sich etwas davon und kehrte nach Hause zurück.

Es beginnt dann der zweite Teil der Erzählung, in der sich alles findet,
was zu einem Zauber- und Erlösungsmärchen gehört. Der eifersüchtige

und reiche Bruder Kasim wollte sich auch der Kostbarkeiten aus der Schatzhöhle bemächtigen, vergaß aber in der Höhle den »Talisman« und wurde von den Räubern getötet. Seine zerstückelte Leiche brachte sein Bruder nach Hause. Die kluge und über alles wachende abessinische (äthiopische) Sklavin Mardschana versorgte die Leiche, indem sie einen Schuster, der mit verbundenen Augen ins Haus geführt worden war, beauftragte, diese zusammenzuflicken. Ali Baba heiratete seine Schwägerin und übernahm das Haus seines Bruders. Die Räuber aber schworen Rache. Zweimal wurde das Haus Ali Babas von dem Schuster, der von den Räubern gefunden worden war, mit verbundenen Augen ausfindig gemacht; einmal markierte er es mit einem weißen, ein anderes Mal mit einem roten Kreidezeichen. Beide Male erkannte aber Mardschana die Gefahr. Sie kennzeichnete alle Nachbarhäuser in gleicher Weise, wodurch es den Räubern unmöglich wurde, ihre mörderischen Absichten zu verwirklichen. Der Anführer der Räuberbande tötete daraufhin zwei Kameraden, die unfähig gewesen waren, ihre Aufgabe zu erfüllen. Er selbst übernahm nun die Organisation des Rachezuges, indem er die verbliebenen 38 Räuber in Ölschläuche steckte und durch eine List mit zwei weiteren, tatsächlich mit Öl gefüllten Behältern in das Haus von Ali Baba brachte. Mardschana, die für ihre Kochvorbereitungen Öl suchte, entdeckte die Falle und versuchte dem vorzubeugen, in dem sie heißes Öl in die 38 Schläuche goß und so alle Räuber umbrachte. Der Anführer aber entkam und bereitete von langer Hand ein Attentat auf Ali Baba und seinen Sohn vor, das aber wieder von Mardschana vereitelt werden konnte, weil sie erkannt hatte, daß der Gast, der kein Salz auf die Gerichte haben wollte, ein Feind sein mußte. Denn man konnte niemanden umbringen, mit dem man Salz geteilt hatte.

Soweit die Kurzfassung einer Erzählung, die jedoch auch andere Schichten hat. Wie allgemein bekannt, beinhalten Märchen auch entartete mythisch-mystische Lehrgleichnisse, die – wenn sie begriffen werden – Zugang zur einer weit verstandenen »Initiation« ermöglichen können. Deshalb ist Mircea Eliade nach wie vor aktuell, wenn er schreibt:

»Während sich der moderne Mensch bei der Lektüre des Märchens zu unterhalten oder der Wirklichkeit zu entrinnen glaubt, unterliegt er unbewußt dem Einfluß, den die Initiation im Gewande des Märchens auf ihn ausübt. Man könnte annehmen, daß das Zaubermärchen sehr bald eine leichtere Nachahmung der genannten Mythen und Riten geworden

Die Darstellung der tanzenden Mardschana in der letzten Sequenz der Ali Baba-
Geschichte von René Bull setzt auf die Humoreske bei der Darstellung der Männer
und auf das Schönheitsideal der europäischen Frauen der zwanziger Jahre.

ist und daß es einfach die Aufgabe hat, die Initiationsprüfungen auf der
Ebene des Traums und der Phantasie zu reaktualisieren. Dieser Stand-
punkt wird nur diejenigen überraschen, die in der Initiation aus-
schließlich eine Verhaltensweise des Menschen der traditionellen Gesell-
schaften sehen. Allmählich wird man sich aber heute dessen bewußt, daß
die sogenannte »Initiation« eine ans menschliche Dasein gebundene
Grundsituation ist und daß sich jedes Menschenleben aus einer Folge
von Prüfungen, von Sterben und Auferstehen zusammensetzt, welche
Ausdrücke auch immer die moderne Sprache benützt, um diese (ursprünglich religiöse) Erfahrung klarzumachen.« (ELIADE, 318f.)

Ebenso verhält es sich in der Geschichte von Ali Baba. Hinter dem Geheimnis des »Talisman« – es ist vielleicht sinnvoller, von einem »Mantra«

zu sprechen – steckt die magisch-kabbalistische Funktion dieses eindeutig rhythmisch wirkenden Lautes: *sumsum* (assyr. *schamaschschammu*,
ägypt. *schamschami*, kopt. *semsem*). »Es ist ›mantra‹:«, schreibt Zimmer,
»Zwang zum Denkbild, Zwang über das Seiende, so da zu sein, wie es
wirklich in seinem unmittelbaren Wesen ist. Es ist also Erkenntnis. Ist unmittelbares gegenseitiges Innesein von Wissendem und Gewußtem. –
Wie es im ersten Lautwerden beschwörender Zwang war, mit dem Unmittelbares den Seher-Dichter als Bild und Wort überkam, Zwang, mit
dem der Dichter Unmittelbares in Bild und Wort bewältigte, so ist für alle
Folgezeit, die mantra-Worte zu brauchen weiß, beschwörender Zwang,
magisches Mittel, um unmittelbare Wirklichkeit – Erscheinung der
Götter, Spiel der Kräfte – zu wirken. Im Wort ›mantra‹ ist die Wurzel
›man‹ = ›denken‹ (zu griech. *menos*, lat. *mens*) mit dem Element -tra vereint, das Werkzeugworte bildet. – So ist ›mantra‹ = ›Werkzeug zum
Denken‹, ein ›Ding, das ein Denkbild zuwege bringt‹.« (ZIMMER, Indien, 81f.)

Enno Littmann (II 295) bemerkte zwar, daß schon in babylonisch-
assyrischen Beschwörungsformeln die Sesam-Pflanze genannt wird,
aber auch die Eigenschaft des Öls als eine das Öffnen erleichternde Sub-
stanz kann nicht außer acht gelassen werden. Das geruchlose Sesamöl eröffnete deshalb auch die Opferformel bei den Babyloniern und Assyrern
und galt überdies als ernährungswirksam. Deshalb konnte es besonders
mantrisch wirksam verwendet werden.

Es ist weiter zu beachten, daß sich auch in Mekka, nicht weit von der
Ka'aba, der *Zamzam*-Brunnen befindet, dessen Wasser den rituellen
Waschungen dient. Der mantrische Charakter des Namens *Zamzam*
kann nicht zufällig sein; er eröffnet den Pilgern im übertragenen Sinne
des Wortes den Zugang zu dem einmaligen allerheiligsten Ort des Islam,
dem Meteoriten Ka'aba, zu dem bis heute jeder gläubige Muslim
mindestens einmal im Leben pilgern muß.

Die eindeutig vorislamische Tradition dieser zauberhaften Episode der
sich durch eine magische Formel öffnenden Türen scheint viele Väter zu
haben. Sie gehörte nämlich sowohl zu Schelmengeschichten, wie
derjenigen von »Dem Schatzhaus des Rhampsinit« aus dem alten Ägypten
(Altägyptische Märchen, Nr. 27), als auch zu den großen Metaphern
vieler Erlösungsmärchen, die zum Grundrepertoire gnostischer Literatur
gehören. Damit offenbart sich die Vielschichtigkeit dieser Erzählungen,

die für Jorge Luis Borges ausschlaggebend für die zeitlose und allgemeine Bewertung dieser Sammlung gewesen ist.

Neben diesen universellen und religiös-mystischen Werten, die unterschiedlich gesehen und interpretiert werden, zeichnen sich auch Ansätze ab, die mehr Aufmerksamkeit für das Motiv einer Schatzhöhle beziehungsweise Schatzkammer verlangen, nicht nur wegen der alt-ägyptischen Erzählung über »Das Schatzhaus des Rhampsinit«, in der ein Meisterdieb zum Helden wird, sondern auch weil Alt-Ägypten in »1001 Nacht« zu einem von Geheimnissen umwitterten Beispiel einer sonderbaren Rezeption geworden ist, die in der islamischen Welt deutliche Spuren hinterlassen haben.

Ägypten war zum Land versunkener Schätze geworden. Deshalb wollte auch der Kalif el-Mamun, der Sohn des Kalifen Harun er-Raschid, die Pyramiden niederreißen lassen, um sich der verborgenen Schätze zu bemächtigen (III 518ff.). Hierzu erzählt Scheherezad zahlreiche Details, die so interessant sind, daß sie ungekürzt wiedergegeben werden sollen:

(...) al-Mamun gab sich große Mühe, die Pyramiden nieder-
zureißen, und (wandte) viel Geld dafür auf (...); aber er konnte es
nicht vollbringen. Nur in eine einzige von ihnen vermochte er eine
kleine Öffnung zu brechen, und es hieß, daß el-Mamun in dieser
Öffnung so viel Geld gefunden habe, wie er auf die Brechung des
Loches verwandt hatte, nicht mehr, nicht weniger. Darüber ver-
wunderte er sich; dann nahm er, was er dort fand, und ließ von
seinem Vorhaben ab.
Der Pyramiden aber sind drei; und sie gehören zu den größten
Wundern der Welt, und sie haben auf der ganzen Erde nicht ihres-
gleichen an Festigkeit, Beständigkeit und Höhe. Sie sind aus
mächtigen Felsblöcken erbaut; und die Baumeister, die sie schufen,
bohrten Löcher in jeden Stein von beiden Seiten her und steckten
gerade Eisenstäbe hinein, dann bohrten sie Löcher in den zweiten
Stein und legten ihn auf den andern, indem sie zugleich ge-
schmolzenes Blei auf die Eisenstäbe taten, und das alles in geo-
metrischer Ordnung, bis der ganze Bau vollendet war. Jede
Pyramide hatte eine Höhe über die Erde von hundert Ellen des
damals üblichen Maßes; sie hatte vier Seiten, die sich nach oben hin
abschrägten und die am Fuße je dreihundert Ellen breit waren. Die

ورت زد ست نبا يدجو سروبش آزاد
Ser wie Palmen fruchtbar, oder sey

كرت زوست برآيد چو نخل باش كريم
Wenigst wie Cypressen hoch und frey!

Das arabisch-ägyptische Bild der Pyramiden in der abendländischen Vorstellung des 18. Jahrhunderts, in die noch imaginäre und okkulte Elemente flossen, von denen auch »1001 Nacht« nicht frei ist.

Alten erzählten, daß sich im Innern der westlichen Pyramide dreißig Kammern aus farbigem Granit befinden, ausgefüllt mit kostbaren Edelsteinen, gewaltigen Schätzen, seltenen Bildwerken, prächtigen Werkzeugen und Waffen, die mit kunstvoll bereiteter Salbe bestrichen sind, so daß sie bis zum Tage der Auferstehung nicht rosten; ferner sollen Glasgefäße darin sein, die man biegen könne, ohne daß sie zerbrechen, dazu mancherlei Arten von Drogen und kunstvoll bereiteten Tränken. Und in der zweiten Pyramide sollen die Annalen der Priester sein, eingemeißelt auf Tafeln von Granit, für jeden Priester eine solche kunstvolle Platte, darauf die Wunder seiner Kunst und seine Taten verzeichnet stehen. An den Wänden aber seien menschliche Figuren, Götzenbildern gleich, die mit ihren Händen allerlei kunstvolle Arbeiten verrichten und auf erhöhten Stufen sitzen. Ferner soll eine jede Pyramide einen Schatzmeister haben, der sie behütet, und diese Wächter bewahren sie in alle Ewigkeit vor den Wechselfällen der Zeit. Die Wunder der Pyramiden haben von jeher alle, die da sehen und Einsicht haben, zum höchsten

Erstaunen getrieben, und sie sind in vielen Ländern beschrieben; sie
könnten dir zu nicht geringerem Nutzen dienen, und so lautet denn
eines von ihnen:
Wenn Herrscher ihren Ruhm der Nachwelt künden wollen,
So mag es durch die Zunge der Bauten wohl geschehn.
Siehst du die Pyramiden, wie sie unverändert
Trotz aller Zeiten Wechsel immer noch bestehen?
Und ein anderes:
Schau auf die Pyramiden, und höre, wie die beiden
So vielerlei berichten aus Urvergangenheit!
Ja, wenn sie reden könnten, sie würden uns erzählen,
Was Menschen widerfuhr im Wechsel all der Zeit.
Und ein drittes:
Mein Freund, gibt's unter diesem Himmel ein Gebäude,
Das Kairos Pyramiden gleicht an Festigkeit?
Sie sind ein Bau, vor dem die Zeit sich selber fürchtet;
Und alles hier auf Erden fürchtet sonst die Zeit!
Mein Blick erfreute sich ob ihrem stolzen Baue;
Den Sinn erfreute nicht der Zweck, dem sie geweiht.
Und ein viertes:
Wo ist der Mann, der einst die Pyramiden baute?
Wie heißt sein Stamm? Wann war sein Tag? Wo ist sein Grab?
Die Werke überdauern die Männer, die sie schufen,
Nur kurz; dann kommt der Tod und stürzt auch sie hinab. (III
518ff.)

Es zeigt sich, daß man nach der islamischen Eroberung Ägyptens durch
'Amr (um 640), der auch in »1001 Nacht« erwähnt wird (II 491),
angesichts der Pyramiden voller Staunen und Ehrfurcht war. Die antike
hellenistische Überlieferung, daß es sich bei ihnen um einmalige Welt-
wunder handele, wurde übernommen; gleichzeitig aber tat man kund,
daß man weder über die Technik des Baues noch über seinen Charakter
etwas wußte. Dafür lieferten sie aber um so mehr Stoff für alle, die von
Schätzen und Reichtümern träumten. Da Ägypten seit alters her voll von
unbegreiflichen Ruinen, von Höhlen und im Sande verschollenen Orten
war, verwundert es nicht, daß man dort auch Schätze vermutete. Das
veranlaßte die Kalifen, Ausgrabungen durchführen zu lassen. Grund-

sätzlich aber herrschte dabei Unbehagen, weil es sich um Orte handelte, die als Wohnstätten der Geister, der Dschinn, galten. Oft schien die Suche erfolglos gewesen zu sein, weil sich kein Gold und keine Wertsachen fanden, sondern nur »Götzenbilder«, Inschriften, Malereien und ähnliches. Dafür bestand aber kein Interesse; die vorislamische Epoche, die *Dschahilija*, die Periode des Unwissens, war verachtungs- und nicht erhaltenswürdig.

Deshalb werden Tatsachen verdreht, wenn man behauptet, daß Europa Ägypten ausgeraubt habe. Solange die Spuren heidnischer Vergangenheit (*Dschahilija*) keinen Wert mehr darstellten, kümmerte sich niemand darum, sie zu erhalten. Wenn Schatzsucher jedoch altägyptische Gräber und Ruinenstätten voller Gold fanden, hielten sie ihr Treiben geheim, meist aus Angst vor den offiziellen Stellen und den Beamten des Kalifen, nicht anders als das noch im 19. und 20. Jahrhundert die berüchtigte Familie Abd-el-Rasul aus Qurna (Theben West) tat. Es ist nicht auszuschließen, daß Gruselgeschichten in die Welt gesetzt wurden, um vor einer eventuellen Suche nach alten Schätzen abzuschrecken. Die Grabräuber, die es schon lange vor der islamischen Eroberung Ägyptens gegeben hatte, scheuten wahrscheinlich auch nicht vor kriminellen Taten zurück. Schon im alten Ägypten war es zu Grabplünderungen gekommen, über die wir durch erhaltene Gerichtsprotokolle aus der Zeit von Ramses IX. (12. Jahrhundert v. Chr.) gut unterrichtet sind. Sie lesen sich fast so spannend, wie die Erzählungen aus »1001 Nacht«:

Wir öffneten ihre Särge und ihre Hüllen, in denen sie waren. Wir fanden die erhabene Mumie dieses Königs (...) Da war eine große Reihe von Amuletten und goldenen Schmuckstücken an seinem Hals; sein Kopf war mit einer goldenen Maske bedeckt; die erhabene Mumie dieses Königs war ganz und gar mit Gold bedeckt. Ihre Hüllen waren innen und außen vergoldet und versilbert; mit allen köstlichen Steinen ausgelegt. Wir rissen das Gold ab, das wir an der erhaltenen Mumie dieses Gottes fanden, und ihre Amulette und Goldstücke, die an ihrem Halse waren, und die Hülle, in der sie ruhte. Wir fanden des Königs Gemahlin in gleicher Weise, wir rissen alles, was wir an ihr fanden, in gleicher Weise ab. Wir steckten ihre Hüllen in Brand. Wir stahlen ihre Geräte, die wir bei ihnen fanden,

Medinet Habu, der Tempel von Ramses III. in Theben-West in einem Stich um
1800, in dem noch deutlich die zahlreichen Felsgräber an den Berghängen erkennbar sind. Von Grabräubern an diesem Ort berichteten schon die alten Ägypter,
was Vorbild für Schatzsucher aus »1001 Nacht« gewesen sein dürfte.

*als da waren Gefäße aus Gold, Silber und Bronze. Wir teilten und
machten das Gold, das wir an den Mumien dieser Götter fanden, und
die Amulette, Schmuckstücke und Hüllen in acht Teile (...) Dann
sind wir über den Nil gesetzt in die Stadt.*
*Nach vielen Tagen hörten die Distriktsvorsteher von Theben, daß wir
im Westen gestohlen hatten, und sie nahmen mich fest und hielten
mich im Amtsgebäude des Bürgermeister von Theben gefangen. Da
nahm ich die 20 Deben Gold, die mir als mein Anteil zugefallen
waren, und gab sie Chaemwese, dem Schreiber der Landestelle von
Theben (= Gefängnisschreiber). Daraufhin ließ mich dieser frei, und
ich gesellte mich wieder zu meinen Kameraden, die mir zum Ersatz
einen neuen Anteil (der Beute) aushändigten. Ich geriet so wieder bis
zum heutige Tage ins Stehlen in den Gräbern der Beamten und der
Leute der Umgebung, die in Theben West ruhen, zusammen mit den
anderen Dieben, meinem Kameraden. Und eine große Zahl von
Leuten der Umgebung haben ebenso darin geplündert und bildeten
Banden!* (BRUNNER-TRAUT, 238f.)

Die immer häufiger werdenden Grabplünderungen setzten sich fort. Sie waren ein kontinuierlicher Vorgang bis heute. Die daraus erwachsene Stimmung wirkte sich allenthalben aus. Das bestätigen die mysteriöse Geschichte des Auffindens des Grabes von Tutanchamun durch Howard Carter 1922 im Tal der Könige und die daraus resultierenden Ereignisse. »Der Fluch der Pharaonen« erzeugte aber auch »neue Schätze«, besonders für Bestseller-Autoren, bis in unsere Tage.

Die sehr unterschiedliche Einstellung der islamischen Welt zur heidnischen Vergangenheit hat sich in Ägypten erst verändert, als man, schon in der Neuzeit, erkannte, daß aus ihrer Vermarktung ein nicht unerheblicher Profit für die *umma*, für die islamische Gemeinschaft, zu fließen vermag. Daran ist zu erkennen, daß es erst mit der europäischen Erforschung der alten Kulturen, nicht nur derjenigen Ägyptens, sondern auch der gesamten islamischen Welt, zu einer neuen Bewertung der vorislamischen Zeit gekommen ist. Trotzdem bleibt das Empfinden für die *Dschahilija* unter den Muslimen sonderbar gespalten: auf der einen Seite eine extreme Haltung, die kein Pardon gegenüber alten Kulturen kennt (die Zerstörung der großen, über fünfzig Meter hohen Buddha-Statuen in Bamijan/Afghanistan im Jahre 2001 ist das bekannteste neuerliche Beispiel), auf der anderen Seite Profitsuche, ob sie sich nun in dem sonderbar verstandenen Tourismus (zum Beispiel Besichtigungsvorschriften und -beschränkungen in Ägypten) oder in den Veräußerungspraktiken von vorislamischen Kunst- und Religionsgegenständen äußert. Die moderne Geschichte der Raubgrabungen im Nahen und Mittleren Osten ist atemberaubend und erinnert tatsächlich an die geheimnisvolle Atmosphäre aus »1001 Nacht«. Der unerwartete Fund eines unberührten Grabes in einem der Länder des »fruchtbaren Halbmondes« kann dem Schatz des Ali Baba gleichkommen, wenn man die Auktionspreise für ägyptische und orientalische Altertümer in New York und Paris, in Genf und London bedenkt. Deshalb kann man die Absicht der ägyptischen Regierung verstehen, die Bevölkerung aus Theben West (Qurna und andere Dörfer auf dem Westufer vis à vis Luxor) umzusiedeln. Dort leben viele Familien nicht nur in der Nähe der alten Begräbnisstätten aus der Zeit des Neuen Reiches (ca. 1550–1070 v. Chr.), sondern sogar in ihnen. Die Ali Babas im heutigen Ägypten brauchen sich nicht in der Dunkelheit der Nacht zu ihren Höhlen zu schleichen, sondern können durch direkte Übergänge zu weiteren

Gräbern, nach dem Prinzip »Sesam – öffne dich!«, in den Hinterlassenschaften der alten Ägypter wühlen.

Erzählungen, die auf die vergessenen Schätze alter Kulturen zielen, sind in »1001 Nacht« häufig zu finden; sie vermischen sich mit unterschiedlichen, manchmal legendären Kenntnissen über die vergangenen Zeiten. Man denke an das nicht minder berühmte Zaubermärchen über »Aladdin und die Wunderlampe« (II 659–791), dessen schriftliche Originalfassung erst aus dem 19. Jahrhundert stammt. Das Märchen verrät ägyptisches Milieu und die Gepflogenheiten der Grabräuber. Die Schatzhöhle, die von außen kaum zu bemerken ist (II 685), sah innen ähnlich aus wie die, in die Ali Baba stieg: »zuerst vier Räume, die alle mit Gold und Silber und anderen Kostbarkeiten angefüllt waren«. Darüber hinaus erlauben die Hinweise Aladdins anzunehmen, daß man irgendwann tatsächlich in die Privatgräber der alten Ägypter oder in die bemalten Höhlen der Einsiedler von Dunhunang und Turfan (heute beide in der chinesischen Provinz Xiangxi) eingedrungen war. Daraus ließe sich erklären, warum Aladdin dort auch Bäume sah. Daß auch zentralasiatische und chinesische Beispiele herangezogen werden können, ist angesichts des Kulturraumes zwischen China und Westafrika, in dem sich die Ereignisse um Aladdin abspielten, berechtigt.

Das Hauptmotiv der Erzählung, die Lampe, läßt an die Lichtquelle, an die Erleuchtung denken, die ein typisch metaphorisches Bild jeder Gnosis, jeder Erkenntnis ist, die sowohl in der koptischen, mandäischen und manichäischen als auch in der gesamten gnostischen Literatur dominiert. Die gnostisierenden Elemente mit ihrem Dualismus müssen als Quelle der »1001 Nacht« viel mehr in Betracht gezogen werden, als das bis jetzt geschehen ist. Um das zu verdeutlichen, sei ein Beispiel zitiert:

Ich (Anosch) komme mit Sandalen aus Edelsteinen,
und an meinen Händen sind Kostbarkeiten und Perlen.
An meine linke (Seite) lege man eine Keule,
eine große Axt, die Beschwörungen vor mir löst.
Ich reiße nieder und baue (wieder) auf,
ich zerstöre und gründe (wieder) meinen Palast. (Gnosis, II 382f.)

Die manichäistischen Malereien von Dunhuang könnten als Vorbild mancher unterirdischer Wunderhallen gedient haben.

Dieses Beispiel zeigt, welche Gleichnisse, Allegorien und Metaphern von Märchen aufgenommen werden, um Inhalte zu vermitteln, die beim ersten Hinsehen unerkannt bleiben. Sie sind also zunächst religiös-moralische Bedeutungsträger, schon wegen der zahlreichen Anrufungen Gottes, Allahs, der der einzige ist, der alles weiß und alles bestimmt. Der islamische Firnis hat somit absichtlich die früheren religiösen Traditionen überzogen, die die Erzählungen aus »1001 Nacht« in sich tragen. Deshalb erscheint es problematisch, wenn man in der sogenannten vergleichenden Märchenforschung alle möglichen Varianten einer Erzählung untersucht und statistisch erfaßt, aber Quellen, Entstehungsgeschichten und Wesenheiten dieser oder jener Erzählung entweder unbeachtet läßt oder nur spärlich in Betracht zieht. Die gnostische und gnostisierende Literatur war im gesamten Orient stark verbreitet und hatte in der Zeit des expandierenden Islam ihren Stellenwert noch nicht verloren. Man denke an die manichäischen und buddhistischen Schriftfunde aus der Oase Turfan, die man in vielen Sprachen, unter anderem Chinesisch, Türkisch, Iranisch und Semitisch, verfaßt hatte und die man noch bis ins 14. Jahrhundert, bis zum Untergang des Uiguritischen Reiches, benutzte. Sie waren rezipiert worden und drängten – oft nicht richtig verstanden – als sogenannte Märchen in das Gedankengut der verschiedenen zentralasiatischen Völker, die zwar Muslime geworden waren, sich aber auch als Nichtsemiten in der neuen religiösen Gemeinschaft behaupteten, indem sie zwar die arabische Schrift verwendeten, ihre Sprachen jedoch weiter behielten (Farsi, Türkisch, Urdu).

Zur Verdeutlichung des Problems sei beispielhaft auf Ali Baba verwiesen, der durch das »Baumbesteigen« zu einer Erkenntnis gelangte, die ihm, wie mit einem Zauberwort, den Zugang zu den im Berge versteckten Kostbarkeiten ermöglichte. Versucht man, weitere Aspekte seiner Geschichte zu analysieren, so entdeckt man, daß der wahre Held – zumindest im zweiten Teil, also nach Erlangen einer lebensbedingenden Erkenntnis (Gnosis) und nach dem Tod seines Bruders, der sich der Erkenntnis verweigerte – nicht mehr Ali Baba selber, sondern seine äthiopische Sklavin Mardschana ist. Sie war es, die aus jeder Falle, die sich gegen ihren Herrn richtete, einen klugen Ausweg fand. Ihr Name, der auch Perle bedeuten kann, weist auf das vielfältige metaphorische Bild der Perle hin, das nicht nur im arabischen, sondern auch schon im altorientalischen, buddhistischen und schließlich auch christlich-gnostischen Bereich eine wesentliche Rolle als Symbol der Wahrheit, der Reinheit, des geistigen Ziels überhaupt gespielt hatte. Man lese das märchenhafte »Perlenlied« aus den apokryphischen Thomasakten, um zu erkennen, wie eng sich dieses dualistische Denken mit dem der Märchen verbindet.

Und ich erhaschte die Perle
Und kehrte um, um mich nach meinem Vaterhaus zu wenden.
Und ihr schmutziges und unreines Kleid
Zog ich aus und ließ es in ihrem Lande
Und richtete meinen Weg,
Zum Licht unserer Heimat, dem Osten. (SCHNEEMELCHER, II 61ff.)

Es ist also nicht schwer zu erkennen, daß sich in dem kurzen Fragment Vergleiche aufdrängen, die uns inhaltlich an Mardschana (Perle), das Bad, den Kleiderwechsel des Ali Baba und seine eindeutige Erlösung durch die Rückkehr in die Schatzhöhle erinnern.

Der gnostische Hintergrund wird noch deutlicher, wenn man die Dämonen, die Geister, die zu den populären und wirkenden Wesen in »1001 Nacht« gehören, in Betracht zieht. Der Islam kennt sie als Kollektivum Dschinn und daneben die besonders Bösen, die als Teufel (Sing. *schaitan*) bezeichnet werden. Sie sind zwar körperlich, aber auch unsichtbar, essen, trinken und können untereinander und mit ausgewählten Menschen sexuell verkehren. Sie befinden sich zwischen Himmel (aber nicht im Himmel) und Erde, meist aber an verlassenen Stätten wie Ruinen, Wüsten, Wadis, Friedhöfen, deshalb besonders auf unreinen Plätzen, wie zum Beispiel Aborten, und sie können menschliche Gestalt annehmen. Es fehlt in ihrer Bewertung eine Systematik, was auf die ersichtlichen Einflüsse aus dem altarabischen, altorientalischen, jüdisch-christlichen und gnostischen Bereich zurückzuführen ist. Herr über die Dämonen ist König Salomo, der auch in »1001 Nacht« vorkommt (zum Beispiel I 51ff.; III 776ff). Er verfügte über Zauberkräfte, denn er konnte die Dschinn in Kupfer- oder Messingflaschen einsperren.

Einige Motive für die listigen Fallen, von denen in der Ali Baba Geschichte die Rede ist, waren sehr alt. So hatte auch das der »Räuber in den Ölschläuchen« sein Vorbild schon im alten Ägypten in der Zeit von Thutmosis III. (15. Jahrhundert v. Chr.). In dem unvollständigen Papyrus wird erzählt, daß der ägyptische General Djehuti mit List 200 Soldaten in Körben nach Joppe bringen läßt, um die Stadt nach dem Prinzip des trojanischen Pferdes zu erobern (Altägyptische Märchen, Nr. 26).

Viele Reminiszenzen und Bemerkungen über alte, nicht mehr vorhandene Städte, wie Babylon (IV 236), und Reiche verdeutlichen, daß gewisse Kenntnisse über die Vergangenheit vorhanden waren; sie dienten in den Erzählungen aber der Verherrlichung Allahs, durch dessen Hilfe und Kraft alles unterging, was sich seinem Willen nicht beugte. Besonders aussagekräftig ist dazu die Geschichte über die Messingstadt (IV 208–259). Sie erzählt wie keine andere von einer fernen Vergangenheit und ihren Helden, scheint aber auch eine jüngere Schicht zu besitzen und dürfte erst im Spätmittelalter entstanden sein, weil sie die Zeit des omajja-

»Der Geist aus der Flasche« (hier von Willy Planck) und die typische türkische Bekleidung des Protagonisten als Vorbild für Künstler, die die orientalische Atmosphäre glaubhaft vermitteln wollten.

dischen Kalifen 'Abd el-Malik ibn Marwan (685–705) historisch als »längst verschwundene« nennt. An seinem Hof in Damaskus ging man in der Erinnerung noch weiter zurück, bis zur Herrschaft des biblischen Königs Salomo (um 1000 v. Chr.), dem Sohne Davids. Man erzählte dem Kalifen von den übernatürlichen Fähigkeiten dieser schillernden Gestalt der jüdischen Geschichte, die auch als großer Magier und Bezwinger von Geistern begriffen wurde. Das wird auch in der außerbiblischen Tradition überliefert und ist von Scheherezad in ihr Erzählgut aufgenommen worden:

> »Die wilden Tiere, das sind seine Mächtigen, die Vögel seine Reiter, die Dämonen seine Heere.« (BIN GORION, 41)

»(...) er sperrte sogar die Marids und die Satane in die Messing-
flaschen ein, die er mit geschmolzenem Blei verschloß und mit
seinem Siegel versiegelte.« (IV 209)

Dabei handelte es sich natürlich um ein Siegel, das auch von Muslimen für apotropäische Zwecke verwendet worden war, nämlich den sechseckigen Stern, der als »Siegel des Salomo« auch zu den bekannten alchimistischen Zeichen gehört und als solches einen tiefen esoterischen Inhalt birgt. So symbolisieren die beiden teilweise übereinander gesetzten Dreiecke die Elemente △ Feuer, ⟁ Luft, ▽ Wasser und ⩒ Erde. Vollständig gibt das Zeichen auch den von Juden sogenannten Davidschild (Davidstern) wieder. Hierzu führt der bekannte Kenner der Materie Gershom Scholem aus:

»Die Araber, die überhaupt ein stupendes Interesse an allen okkulten Wissenschaften nahmen, haben manche solche Termini besonders populär gemacht, wie sie denn auch die Magie lange vor den ›praktischen Kabbalisten‹ systematisch behandelt und dargestellt haben. Aber gerade die Namen ›Siegel Salomos‹ und ›Schild Davids‹, welche oft unterschiedslos für die beiden Embleme gebraucht wurden, sind nicht bei den Arabern entstanden, die übrigens nur die Bezeichnung als ›Siegel Salomos‹ kennen, sondern gehen auf vorislamische jüdische Magie zurück.

Das Siegel Salomos hängt offensichtlich mit der schon bei Josephus bezeugten Legende von Salomos Herrschaft über die Geister zusammen, in der auch schon früh von einem Siegelring Salomos die Rede war [übrigens auch in »1001 Nacht«: I 54, 99, 199; II 371f., 389; III 262, 629, 776ff.; V 94, 102, 227f., 296, 348, 470, 558; VI 81, 134f., 191, 454, 554; P.S.], auf dem ursprünglich freilich nicht ein magisches Emblem, sondern der unaussprechbare Name Gottes, das Tetragrammaton, eingraviert war. Die Gewalt dieses Siegelringes wird in Texten ursprünglich jüdischer und später auch christlicher Magie wie etwa dem ›Testament Salomos‹, einem in seinem Grundstock sehr alten griechischen Handbuch jüdischer und judenchristlicher Magie, mit großem Aplomb dargestellt. Wann die Inschrift auf dem wunderbaren Siegelring durch eine der beiden Figuren ersetzt wurde, läßt sich zur Zeit noch nicht mit Bestimmtheit sagen. Nur so viel wissen wir sicher, daß das vor dem 6. Jahrhundert, also vor Aufkommen des Islam, stattgefunden hat.« (Scholem, 87f.)

Die Gestalt Salomos hat im Islam fast die Züge eines vor-muslimischen Muslimen angenommen. Sie verband sich im Koran (Sure 21:79; 27:15) mit Weisheit. In unzähligen Beschwörungsformeln zwischen Industal und Gibraltar stieg Salomo zum Beschützer vor allem erdenklichen Unglück auf. Deshalb war es auch Wunsch des Kalifen, eine seiner Messingflaschen mit den darin verschlossenen Dschinn zu besitzen. Auf Befehl des Kalifen wurde eine Expedition organisiert, die von Ägypten über die Wüsten, angeblich auf den Spuren Alexanders des Großen, zur legendären Messingstadt in Westafrika und dann weiter ans Ende der Welt bis zu dem Meer von el-Karkar (IV 232) führen sollte. Die Wege dorthin sind nicht nur sehr lang, sondern auch atemberaubend. Man trifft auf imposante Ruinen von Schlössern, in denen sich merkwürdige griechische Inschriften befinden. Man erfährt von Schlachten, von nur scheinbar allmächtigen Königen, von Dingen und Dämonen, die als Zeugen für die Gottergebenheit Salomos sprechen. Alle, die sich seinem allmächtigen Gott, Allah, entgegenstellten, wurden vernichtet: »Ich bezeuge, daß es keinen Gott gibt außer Allah, und ich bezeuge, daß Salomo der Prophet Allahs ist.« (IV 229). Deshalb konnte er auch immer nur siegreich gewesen sein. Der überzeugende islamische Duktus läßt verkünden, daß die Dschahilija keine Zukunft habe, daß Heil nur von Allah kommen könne. Dafür sprechen große Reiche und Helden der Vergangenheit, die längst vergessen, gestraft und unbedeutend geworden sind.

> *Wo sind sie, die in allen Ländern herrschten,*
> *In Sind und Hind, die stolze Herrenschar?*
> *Die Sendsch und Habesch ihrem Willen fügten*
> *Und Nubien, als es rebellisch war?*
> *Erwarte von dem Grabe keine Kunde;*
> *Von dort wird keine Kenntnis dir zuteil.*
> *Im Zeitenumschwung traf sie das Verhängnis;*
> *Aus Schlössern, die sie bauten, kam kein Heil!* (IV 237)

Genannt werden die Reiche zwischen Indien (Sind und Hind), Schwarzafrika (Sendsch), Äthiopien (Habesch) und Nubien, die noch rebellisch waren. Die letzte Bemerkung mag unterschwellig der historischen Tatsache Rechnung tragen, daß Nubien lange Zeit, fast bis ins 16. Jahrhundert, sich der allein heilbringenden Islamisierung zu widersetzen wußte.

Palmyra (Tadmor), die berühmte Karawanenstadt der Königin Zenobia, war schon
früh zur Legende geworden; vieles deutet daraufhin, daß es sich bei dieser Stadt
um das Vorbild der Messingstadt handelte (nach einem Stich aus dem 19. Jahrhundert).

Die Schilderung der sprechenden und bestraften Dämonen erinnert
stark an Bilder der assyrisch-babylonischen Geister:

> *Eines Tages aber, als sie ihres Weges dahinzogen, gewahrten sie*
> *plötzlich eine Säule aus schwarzem Stein, in die eine menschliche*
> *Gestalt bis zu den Armhöhen versenkt war. Diese Gestalt hatte zwei*
> *große Flügel und vier Arme, von denen zwei menschliche Hände*
> *hatten, während die anderen wie Löwentatzen aussahen und Krallen*
> *hatten.* (IV 225)

Die Hinweise auf Ruinen oder auf die tote Messingstadt, in der die Toten
wie lebendig wirkten, könnte eine Anspielung auf die Mumifizierung
sein: »(...) wie sie so dalag mit ihren roten Wangen und schwarzen
Haaren, so daß jeder, der sie sah, glaubte, sie sei lebendig und könne
nicht tot sein«. (IV 250) Die Beschreibungen von gesehenen Schätzen und
Kostbarkeiten unterliegen gewissen Topoi, die sich unabhängig von
Orten und Gegenden wiederholen. Die Erwähnung der »Königin
Tadmura« und des Untergangs ihres Reiches scheint die Erinnerung an
die berühmte Karawanenstadt Palmyra (Tadmor) und ihre Herrscherin

Zenobia (267–272) zu wecken. Die Darstellung der »Messingstadt« durch Scheherezad erinnert deshalb stark an diese im 7. Jahrhundert verlassene, legendenreiche Stadt in der syrischen Wüste. Noch heute wirkt diese Ruinenstadt, wenn man sich ihr bei untergehender Sonne nähert, glänzend wie Messing. Das liegt an dem golden wirkenden Stein, aus dem die meisten Bauten errichtet worden sind. Man hatte sie, nach hellenistischer Art, miteinander durch Straßen und schattenspendende Marmorkolonnaden verbunden. Bei Palmyra handelte es sich um eine riesige Anlage, auch mit turmartigen Grabdenkmälern, in denen die Verstorbenen häufig in vorzüglich bemalten Plastiken verewigt waren, und zwar, wie in der Antike Sitte, bei großen Gelage liegend. Es finden sich dabei schöne Frauengestalten mit kostbaren Juwelen, in feinen seidenen Kleidern, so wie sie von den Soldaten im Palast der Messingstadt gesehen und beschrieben wurden.

Auf jenem Lager nun lag eine Maid, herrlich, gleich der strahlenden Sonne, so schön, wie noch nie ein Mensch sie gesehen hatte. Sie trug ein Gewand aus klaren Perlen, und auf ihrem Haupte lag eine Krone aus roten Golde und ein Stirnreif aus Edelsteinen. Um ihren Hals trug sie eine Schnur aus Juwelen; auf ihrer Brust leuchteten kostbare Geschmeide, und auf ihrer Stirn waren zwei Diamanten, deren Licht so hell war wie das Licht der Sonne. Es schien aber, als blicke sie die Fremdlinge an und schaue auf sie alle nach rechts und nach links.
(IV 249)

Daß man die Messingstadt in der Erzählung Scheherazads so weit in Westafrika lokalisiert hat, liegt daran, daß Palmyra sich nur etwas über 200 Kilometer nordwestlich von Damaskus befindet, in diese Geschichte aber möglicherweise einiges, was aus dem Westen bekannt war, mit eingeflossen ist. Manche sprechen sogar von Atlantis-Reminiszenzen, was unwahrscheinlich wäre, wenn es sich nicht um Märchen gehandelt hätte.

Das Abenteuer endete erst mit dem Auffinden der Messingflaschen des Königs Salomo, die sich im Meer el-Karkar befanden. Die Expedition zog zur Meeresküste, die von einem hohen Berg überragt wurde, »in dem viele Höhlen waren; dort hauste ein Volk von Schwarzen, die trugen Lederkleider und hatten auf ihren Köpfen Burnusse aus Leder und redeten eine unbekannte Sprache«. (IV 255) Es sollte sich um den Stamm der Hams, das heißt um Hamiten, handeln. Die Schilderung erinnert jedoch mehr an die aus der antiken Literatur bekannten Troglodyten (Höhlenbewohner), von denen der sehr populäre Roman Heliodors »Æithiopica« berichtet, als an die Bewohner der westafrikanischen Küste.

Es handelt sich deshalb um sonderbare Vermischungen unterschiedlicher Vorstellungen, Erzählungen, Erkundungen und geographischer Beobachtungen. Oft werden Zeiten und Orte ausgetauscht oder vermischt; es entsteht der phantastische Kosmos einer märchenhaften Topographie, über die eine der gefundenen Inschriften berichtet:

O du, der du an diese Stätte kommst, laß dich warnen durch das, was du erlebst von den Wechselfällen der Zeit und von des Schicksals Wandelbarkeit! Laß dich nicht täuschen durch die Welt mit all ihrem schönen Schein, ihrer Falschheit und Lüge, ihrem Trug und ihrem eitlen Glanz! Sie ist schmeichlerisch und lügnerisch und trügerisch; ihre Dinge sind nur geliehen, und der Verleiher kann sie dem Entleiher jederzeit entziehen. Sie ist wie das Wahngebilde des Schläfers eitler Schaum und wie des Träumenden Traum; es ist, als wäre sie die Luftspiegelung der Wüste, die der Durstende für Wasser hält (Fata Morgana; P.S.); *und Satan schmückt sie mit falschem Schein für die Menschen bis in den Tod hinein.* (IV 221)

Auch hier könnte die gnostische Sicht spürbar sein, obwohl die Erzählung einer Periode huldigte, in der man Jerusalem (in der omajjadischen Zeit) zum islamischen Wallfahrtsort zu erheben suchte (IV 258), um damit die Orthodoxie noch stärker an den omajjadischen Kalifen zu binden. Die Erzählungen offenbaren somit ihren tatsächlichen Sinn, sie wollen für das Wichtigste, für die Erlösung der Menschen, besonderes, spannungsvolles Interesse erwecken.

III. SINDBAD DER SEEFAHRER UND DER ZAUBERVOGEL RUCH

Keine Ferne macht dich schwierig,
Kommst geflogen und gebannt,
Und zuletzt, des Lichts begierig,
Bist du, Schmetterling, verbrannt,

Und so lang du das nicht hast,
Dieses: Stirb und werde!
Bist du nur ein trüber Gast
Auf der dunklen Erde.

(GOETHE, 25)

Phantastische und realistische Reiseliteratur gehört zu den ältesten Ausdrucksformen der Mündlichkeit, die dann schriftlich fixiert worden ist. Ob Gilgamesch, Sinuhe, Odysseus, Aeneas, Theagenes und Charikleia oder Sindbad, sie alle gehören zu den Helden, deren Abenteuer bis heute die Menschheit im Atem halten und ihre Phantasie anregen. Viele Motive und Stoffe verbinden sich mit diesen Gestalten, die Grundlage für Romane wurden, ob es sich um historisierende Einblicke in das Leben verschiedenster Völker, um Schilderungen von geographischen Gegebenheiten, um fabelhafte Tier- und Naturereignisse oder utopische Vorstellungen handelt. Alle diese Themen erzeugten narrative Strukturen, die auch in den Erzählungen aus »1001 Nacht« zu finden sind.

Schon 1701 waren Antoine Galland die Sindbad-Geschichten bekannt. Sie gehörten zwar nicht zu den damals schon vorhandenen Handschriften der Erzählungen aus »1001 Nacht«, dennoch entschloß sich der französische Orientalist, sie in die Sammlung aufzunehmen. Heute gehören sie zu den berühmtesten abenteuerlich-mythischen Geschichten überhaupt, gerne werden sie auch als »arabische Phantasien« (so in der »Encyclopedia of Fantasy«, 1994) bezeichnet. Damit setzt sich ein Prozeß der Desakralisierung fort: Aus lebendigen Mythen werden Mythologien, aus Mythologien Märchen, aus Märchen Phantasien; schließlich ent-

Die Eröffnungsszene zu dem berühmten Zyklus »Sindbad der Seefahrer« von
Edmund Dulac in ihrer deutlichen Anlehnung an die persische und mogulische
Miniaturenmalerei, mit Liebe zum Detail (Bekleidung, Keramik usw.), aber auch
mit der Hervorhebung des Imaginären.

steht ein erzählerischer Konsumbrei, aus dem nur noch Comics, im besten
Fall kastrierte Filmszenarien entstehen können. Solche Prozesse durch-
liefen nicht nur die Sindbad-Geschichten, sondern alle sehr alten
Traditionen des »mythisch denkenden Menschen« (Ernst Cassirer). In der
Auseinandersetzung um die mythischen Wahrheiten kam es oft zur sub-
jektiven Auswertung des Imaginären und Realen bis hin zur Bildung
von Lügengeschichten, die seit Lukian (etwa 120–180) und seinen
»Wahren Geschichten« einen festen Bestandteil der abendländischen Literatur bilden. Zwar ist die Genese einer solchen Entwicklung sehr
vielschichtig, eines aber läßt sich erkennen: Die Arabisierung der
unterschiedlichen vorislamischen Traditionen führte zu ihrer

Entweihung; was blieb, war der Zauber des Irrealen, des Phantastischen. Zugleich wird der Sieg des Islam als wahre Erkenntnis überwältigend geschildert; die Sindbad-Reisen sind ein eindeutiges Plädoyer für den unerschütterlichen Glauben an Allah und seine Allmacht. Dieser Aspekt, wie überhaupt die religiöse Komponente, werden in der allgemeinen Rezeption des Stoffes vermieden, übrig bleiben »action, crime and love«. Daß es dazu gekommen ist, bestätigen die Filme, die Sindbad-Geschichten zum Inhalt haben. Seit dem amerikanischen Film von 1947 unter der Regie von Richard Wallace – mit dem Anthony Quinn seine Karriere begann – finden sich immer weitere, meist Hollywood-Produktionen zu diesem Thema, die kein Ende zu nehmen scheinen (unter den zehn bekanntesten Sindbad-Filmen kommen nur drei englische, ein japanischer und ein tschechischer nicht aus den USA).

Der Name *Sindbad* (der Inder) ist irreführend, wenn man ihn nicht ohne Zusatz verwendet. Es gibt nämlich auch nämlich auch das berühmte und sehr einflußreiche Werk »Sindbad-Name« das besser unter der Bezeichnung »Die sieben weisen Meister« bekannt ist und auch in »1001 Nacht« seinen Niederschlag gefunden hat; es hat aber nichts mit dem gleichnamigen Seefahrer zu tun. Es handelt sich bei »Sindbad-Name« um Weisheitsliteratur, die im 10. Jahrhundert in Persien aus zahlreichen sehr verschiedenen Quellen zu einem Buch kompiliert wurde. Der Versuch von B. E. Perry, das Werk als rein persisch zu bezeichnen, scheint angesichts der gesamten iranischen Literatur der islamischen Periode mit ihren Anlehnungen an indische, buddhistische und manichäische Quellen überzogen. Die allgemeine Rezeption der vorislamischen Literatur und ihre Adaptation etwa durch Firdausi oder Nizami zeugt von der sehr verbreiteten Übung, vorislamische Motive zu übernehmen, um sie dann in islamischer Version weiterleben zu lassen. Der Hinweis auf solche Vorgänge soll deutlich machen, daß die breite morgen- und abendländische Rezeption von Weisheitsliteratur eine lange Herkunfts- und Wirkungsgeschichte hat. Nach dem 10. Jahrhundert finden sich deshalb unzählige Fassungen von »Sindbad-Name«, sowohl in Farsi (Neupersisch) als auch in Syrisch, Griechisch, Hebräisch, Spanisch, Mittellateinisch, Französisch, Italienisch, Deutsch und Jiddisch sowie in slawischen Sprachen (Tschechisch, Polnisch, Russisch). Sie drangen dann so tief in das allgemeine Märchengut ein, daß man von den eigentlichen Quellen nur noch bei sehr genauer Analyse hier und da etwas mehr spüren als erkennen kann. Es handelt sich um sehr alte Wurzeln, die einerseits auf biblische, andererseits auf sehr populäre buddhistische Texte und nicht auf die persische Kompilation des »Sindbad-Name« zurückgehen. Nur intensive vergleichende Studien könnten hier Klarheit schaffen, sie sind jedoch leider bei den immer enger werdenden Horizonten der modernen Märchenforschung kaum noch zu erwarten. Die sieben Sindbad-Reisen aus »1001 Nacht« fanden sich, wenn auch mit einigen Unterschieden, in späteren Handschriften; Enno Littmann (IV 97–206) wird dem gerecht; er hat eine möglichst vollständige Version geliefert, indem er sich mehrerer Handschriften bediente.

Romanhafte Geschichten der sieben Reisen liefern – trotz einiger Abhängigkeiten von Mythen und Traditionen der vorislamischen Kulturen – eine faszinierende, literarisch fast selbständige und vielschichtige arabisch-islamische Erzählung, die inspirierend bis in die Gegenwart weiterwirkt. Dennoch ist der Sinn der ursprünglichen vorislamischen Erzählungen nicht völlig untergegangen. Im Gegenteil wird man sich der Vielschichtigkeit der Symbole, Zeichen, Zahlen und Metaphern bewußt, die das Mythische durch unterschiedliche Formen der Verschlüsselung in ihrer semiotischen Struktur offenbaren, deren Unbegrenztheit auf die Vielfalt möglicher Lösungen hinweist.

Die Reisen des jungen Sindbad des Seefahrers sollen in der Regierungszeit des Kalifen Harun er-Raschid stattgefunden haben. Nachdem Sindbad durch seine Verschwendungssucht fast mittellos geworden war, ging er zum ersten Mal zur See, weil »seine Seele danach verlangte«. Nach einem sonderbaren Vorfall – man hielt irrtümlich einen Riesenfisch für eine kleine Insel, die aber, während man auf seinem Rücken Feuer anzündete, in Bewegung geriet, so daß alles ins Wasser fiel – erreichte Sindbad eine Insel, auf der die Stuten des Königs Mihrdschan gedeckt werden sollten. (Dessen Name ist wohl eine Anlehnung an den indischen Herrschertitel »Maharadscha«.). Er wurde von den Inselbewohnern gut aufgenommen – dieses Verhaltensmuster wird zum Topos seiner in der Ich-Form gehaltenen Erzählung – und sogar zum Hafenmeister ernannt. Er lernte die Inder kennen, deren Gesellschaft neben den »Schakirija« (gemeint ist die Kriegerkaste der Kschatrija) und den Brahmanen noch in 72 Kasten unterteilt war (gegenwärtig werden etwa 3000 Kasten gezählt). Eines Tages kam in den von ihm kontrollierten Hafen ein Schiff, das sich unerwarteterweise als das von ihm

Die unzähligen Seereisen von Sindbad dem Seefahrer in der humorvollen Darstellung von René Bull.

verlassene herausstellte. Mit diesem gelang es ihm, reich beschenkt, Basra
– damals der Großhafen von Bagdad – zu erreichen und glücklich und
wohlhabend nach Hause zurückzukehren, aber er »vergaß alles, was er
durchgemacht hatte«. So zog es ihn nach einer guten Zeit vergnügten
Lebens wieder zur See; er entschloß sich zu einer zweiten Reise.

Es dauerte nicht lange, daß Sindbad den Seefahrer während der
zweiten Reise bei einem Landgang »der Schlaf überkam«. Von den Mit-
reisenden vergessen, erlebte er neue Abenteuer. Er entdeckte auf der
scheinbar unbewohnten Insel in der Ferne eine »große weiße Kuppel«, die
sich als riesiges Ei eines nicht minder riesigen Vogels entpuppte. Das erinnerte ihn an eine alte Geschichte, »die ihm früher einmal Pilger und
Reisende erzählt hatten, daß nämlich auf einer Insel ein riesenhafter
Vogel hause, Vogel Ruch geheißen, der seinen Jungen Elefanten als

Die alte Tradition des Ruch-Vogel offenbart sich schon in der früheren arabischen Buchmalerei.

Futter in den Schnabel stecke, und da war ich sicher, daß jene Kuppel, die ich sah, ein Ei des Vogels Ruch sein müsse«. (IV 118)

Ohne eine tiefgreifende Analyse vorzunehmen, kann bemerkt werden, daß man bei Wanderungen durch die tropischen Wälder Ceylons (heute Sri Lanka) oft »riesige weiße Kuppeln« erblicken kann, die sich bei näherer Betrachtung als buddhistische Stupas erweisen, die keinen Eingang haben.

Der Vogel Ruch wurde Sindbads Retter. Sindbad band sich an dessen Krallen fest und wurde von ihm an Land in das Diamantental voller Schlangen geflogen, von dem auch Marco Polo (1253–1324) in »Il milione« berichtet hat. Trotz ungeheuerlicher Gefahren gelangte Sindbad zu den Diamantenjägern. Sie kamen mit List zu den Edelsteinen, ohne das Tal zu betreten, und zwar mit Hilfe von Tierkadavern, die sie hinunterwarfen. Die Diamanten klebten an den frischen Tierkadavern, die von Adlern als Beute auf die Berge gebracht wurden. Dort lauerten die Menschen auf sie, um sie zu jagen und sich auf diese Weise der Diamanten zu bemächtigen. Auch Sindbad rettete sich mit Hilfe eines Adlers auf die Berggipfel und fand so – Allah anbetend und ihm ergeben – wieder den Weg in die menschliche Welt zurück. Er kam in Gegenden, wo Kampferbäume wuchsen, aber auch dahin, wo Nashörner beheimatet waren. Es werden also Charakteristika südostasiatischer Flora und

Die fernöstliche Reminiszenz in dem Holzschnitt von Willy Planck als Illustration
zum Sindbad-Zyklus.

Fauna genannt, die eine ungefähre geographische Lokalisierung der
beschriebenen Orte erlauben, weil nachprüfbare Realien geschildert
werden.

Nachdem er lange mit Diamanten und Edelsteinen Handel getrieben
hatte, was ihm großen Gewinn einbrachte, kehrte er endlich über Basra
nach Bagdad zurück. Dort »vergaß (er) alles, was er durchgemacht hatte,
und lebte heiter und sorglos in den Tag hinein«. Weil aber, wie es im
Koran heißt, »die Seel' (...) eine Treiberin zum Bösen« ist (Sure 12:53 in der
Übersetzung von Rückert), hielt Sindbad der Seefahrer die Ruhe in »der
Stadt des Friedens« nicht mehr aus; es zog ihn wieder in die weite Welt.

Die dritte Reise bescherte ihm weitere Abenteuer, die nicht nur voller
Phantastik, sondern auch voller Grusel sind. Sindbad gelangte, nach
schon beinahe typischen Schiffsunglücken, bei seinen Rettungen auf
immer andere Inseln mit jeweils neuen Überraschungen. So begegnete
er Menschenaffen, Riesen und Kannibalen, aber auch einer furchtein-
flößenden riesigen Schlange, der er sich nur mühsam erwehren konnte. Schließlich hatte er wieder Glück. Ein vorbeikommendes Schiff nahm
ihn auf. Auch diesmal war das Schiff das gleiche, mit dem er einmal
Basra verlassen hatte. Dort fand sich auch sein Besitz wieder, den man
ihm aushändigte, und so kehrte er glücklich nach Bagdad zurück.
Indessen hielt es ihn auch diesmal dort nicht allzulange. Er »begehrte
wieder, bei all den fremden Völkern zu weilen«. (IV 143)

»Der Alte vom Meer«.

Während der vierten Reise erhob sich ein Seesturm; Sindbad wurde
wieder zum Schiffbrüchigen und rettete sich im letzten Augenblick,
nachdem er schon alle Hoffnung verloren hatte. Er gelangte zu einem
Volk, dessen König ein *Ghul* war, das heißt ein Heide und Kannibale. Vor
ihm floh er, so schnell er konnte. Nach sieben Tagen und Nächten fand
er Zuflucht bei einem Pfefferkornsammler. Bei den dortigen Inselbewohnern gab es Pferde. Man kannte aber weder Sattel(baum) noch
Steigbügel. Das veranlaßte Sindbad, diese Errungenschaften dort bekannt
zu machen und zu verbreiten. Er fand allgemein Anerkennung und
wurde ein reicher und angesehener Mann. Das hatte zur Folge, daß der
König ihn verheiraten ließ. Bald danach erlebte er aber eine un-
angenehme Überraschung. Er war in ein Land grausamer Sitten gekommen, die der König wie folgt zusammenfaßte: »Es ist eine Sitte in

unserem Lande, die Frau mit dem Manne zu begraben, wenn er zuerst stirbt, und ebenso den Mann mit seiner Frau, auf daß sie im Leben und im Tode vereint sind.« (IV 153)

Dieses Schicksal schien auch Sindbad nicht erspart zu bleiben. Seine Frau starb, und er wurde zusammen mit ihr in einer Höhle, die als Friedhof diente, lebendig begraben. Man gab ihm sieben Brote und frisches Wasser mit. Sein Wille zum Überleben brachte ihn dazu, sich um jeden Preis retten zu wollen. Deshalb tötete er die nach ihm zum Sterben Verurteilten, die man in die Höhle brachte, mit einem »Schenkelknochen«, nahm ihnen Essen und Juwelen weg und suchte zugleich nach einem Ausweg aus der Höhle. Der fand sich auch dank eines Tieres (wahrscheinlich einer Hyäne), dem er folgte. So kam er ins Freie auf einen Felsen, von dem aus er das Meer überblicken, aber auch gesehen werden konnte. Von Tag zu Tag hoffte er auf ein Schiff. Endlich erfüllte sich sein Wunsch; man entdeckte ihn und holte ihn an Bord. Den wahren Grund, warum er dorthin gelangt war verschwieg er, weil er befürchtete, von einem der Inselbewohner, die sich eventuell unter der Besatzung finden konnten, entdeckt zu werden. Gewissensbisse, weil er unschuldige Menschen getötet hatte, um zu überleben und reich zu werden, hatte er nicht. Die muslimischen Bagdader Zuhörer schienen deswegen ebenfalls keine Bedenken gehabt zu haben, handelte es sich doch um die Beseitigung von Heiden mit grausamen Begräbnissitten. Sie zu töten bedeutete im koranischen Sinne kein Verbrechen. Sindbad der Seefahrer kehrte also wieder glücklich über Basra nach Bagdad zurück. Nachdem erneut alle Ängste und Qualen, die er durchlitten hatte, verdrängt waren, sah er sich nach neuen Reiseabenteuern um.

Bei der fünften Reise stach er mit einem eigenem Schiff ins Meer. Es dauerte nicht lange, und man hatte wieder die Insel des Vogels Ruch erreicht. Unglücklicherweise zerstörte die Mannschaft das Riesenei und zog sich so die Rache des Vogels zu, der Felsenbrocken auf das Schiff schleuderte und so dessen Untergang verursachte. Sindbad wurde schiffbrüchig und rettete sich auf eine ihm unbekannte paradiesische Insel. Dort traf er den »Alten vom Meere«, der sich jedoch als Satan erwies und Sindbad beinahe zu Tode quälte, indem er auf ihm ritt und ihn nicht aus seinem Würgegriff ließ. Durch eine List mit selbst hergestelltem Wein gelang es Sindbad, den Satan betrunken zu machen, sich von ihm zu befreien und ihn zu töten.

Das Motiv der Trunkenheit des »Alten vom Meere« wirkt in diesem Rahmen dionysisch. Der Alte – erst später als Satan bezeichnet – erinnert an Pan, den Gott der griechischen Wildnis, der wie in einem Arkadien, das heißt abseits menschlicher Behausungen, lebte. Sindbad schilderte ihn: »und wie ich seine Beine anschaute, da sahen sie aus wie das Fell eines Büffels, schwarz und rauh«. (IV 166) Man kann darüber reflektieren, ob auch Pan zu einem Vorbild für den Satan/Teufel geworden ist, den man sich oft ähnlich vorstellte. Sindbads Beschreibung dieser Insel, »die einem Paradiesesgarten glich« und unbewohnbar schien, gleicht einer Übertragung griechischer Wildnis, die Hans Walter in seiner lesenswerten Monographie »Pans Wiederkehr« mit folgenden Worten beschrieben hat: »Es ist das Reich wilder Tiere, schlimmer Unholde und phantastischer Wesen, die mit übermenschlichen Kräften ausgestattet sind, seien sie zerstörerischer oder fördernder Natur. Es läßt sich kein Ort denken, der dichter mit solchen Tieren und Dämonen bevölkert ist als die Wildnis – ein Ort voller Gefahren, aber auch voll Weisheit und Geheimnis.« (WALTER, 19)

Schließlich kam auch an dieser Wildnis, in der Sindbad gefangen war, ein Schiff vorbei, rettete ihn und nahm ihn an Deck. Bei einem Aufenthalt in der »Affenstadt« blieb Sindbad an Land zurück, weil man vergessen hatte, ihn wieder mitzunehmen. Er fand dort aber eine Zuflucht und arbeitete als Kokosnuß-Sammler, bis er wieder ein Schiff fand, das ihn nach Hause zurückbringen konnte. Die Rückreise dauerte lange, man tauschte und handelte unterwegs. Sindbad gelang es, Zimt, Pfeffer, Aloeholz und schließlich auch Perlen durch Tausch zu erwerben, was ihm zu neuem Reichtum verhalf. Nach seiner Rückkehr nach Bagdad vergnügte und erholte er sich, so lange, bis ihn »von neuem die Sehnsucht, zu reisen und Handel zu treiben, ergriff«.

Die sechste Seereise spielte sich nach den gleichen Mustern ab, bis zur Strandung an den Ufern eines unbekannten Eilandes, das reich an Schätzen und von einem langen Strom durchzogen war. Nach einer Reise mit einem selbst gebauten Floß gelangte Sindbad – wie eine Version dieser Erzählung berichtet – in das Reich des Königs von Sarandib (Ceylon). Dieser versorgte ihn und sandte ihn mit Botschaften, Geschenken und einem Brief zum Kalifen Harun er-Raschid. Sindbad kehrte also nach Bagdad zurück, ersuchte um Audienz beim Kalifen, dem er über Sarandib und seinen Herrscher ausführlich berichtete.

Es folgt noch die letzte, die siebente Reise. Sie soll Sindbad erst nach China und dann zu dem »äußersten der Meere« geführt haben. Sie ist – im Gegensatz zu den bisherigen Reisen – in zwei unterschiedlichen Versionen erhalten. Die eine knüpft an die sechste Reise an; Sindbad reiste im Auftrag von Harun er-Raschid, der sich für die Gaben des fremden König bedanken wollte, noch einmal nach Ceylon. Auf dem Rückweg nach Bagdad wurde er von Piraten gefangengenommen und als Sklave verkauft. Er fand einen ihm wohlwollenden Besitzer, in dessen Auftrag er erfolgreich Elefanten jagte. Es gelang ihm sogar, einen Elefanten-friedhof zu finden, der voller Elfenbein war. Angesicht dieser Leistung erhielt er seine Freiheit wieder und kehrte beschenkt und glücklich nach Bagdad zurück.

Die andere Version ist ereignisreicher, obwohl sie zugleich das Ende des bisherigen Reiseleben ankündigt: »Auf dieser Reise will ich nun wirklich vor Allah dem Erhabenen dem Reisen abschwören. In Zukunft will ich nie mehr davon sprechen, ja nicht einmal daran denken.« (IV 192) Sindbad wurde – wie immer – als Schiffbrüchiger auf eine ihm unbe-kannte Insel verschlagen. Nachdem er um sein Überleben gekämpft hatte, entschloß er sich auch hier zu einer Flußfahrt auf einem von ihm selbst gebauten Floß. So erreichte er eine Stadt, in der er große Gast-freundschaft bei einem älteren Kaufmann erfahren durfte. Er konnte nicht nur mit großem Gewinn das Holz seines Floßes verkaufen, sondern erhielt die Hand der schönen Tochter dieses Kaufmanns: »(...) ich sah vor mir eine Jungfrau von höchster Schönheit und Lieblichkeit und des Wuchses Ebenmäßigkeit; auch trug sie reiche Gewänder und viel Schmuck und Geschmeide, Edelsteine, Halsbänder und kostbare Juwelen, Dinge, die tausendmal tausend Goldstücke wert waren, so viel wie niemand bezahlen konnte. Und nachdem ich zu ihr eingegangen war, gefiel sie mir sehr, und wir liebten einander.« (IV 197)

Nach dem Ableben seines Förderers, des Vaters seiner Frau, übernahm er dessen Stellung und lernte die Stadt kennen; »da entdeckte (er), daß (die Männer) sich einmal in jedem Monat verwandelten; dann wuchsen ihnen Flügel, und sie flogen zu den Wolken des Himmels empor, und niemand blieb in der Stadt zurück außer den Frauen und Kindern.« (IV 197) Es gelang Sindbad, einen der verwandelten Männer dazu zu bringen, daß er ihn »zum Äther emportrug«. Nachdem aber Sindbad ständig Allah pries, wurde er von seinem Träger, dem »Bruder des Teufels«, wie sich herausstellte, über einem hohen Berg abgeworfen. Dort erschienen ihm zwei Diener Allahs, die ihm einen goldenen Stab überreichten. Mit Hilfe dieses Stabes gelang es ihm, alle Widrigkeiten zu überwinden und gut zu seiner Frau nach Hause zurückzukehren. Sie schlug dann vor, nach Bagdad zu reisen und den Fahrten ein Ende zu setzen.

Der inhaltlich so vielschichtige Roman wurde von Scheherezad in ihre Erzählungen aufgenommen. Er bewegt sich zwischen Phantastik und Imagination einerseits und realistischen Gegebenheiten andererseits, die aber nicht eindeutig zu bestimmen und auseinanderzuhalten sind. Es finden sich indessen Anknüpfungen an reale Reisebeschreibungen – falls man im Mittelalter von solchen überhaupt sprechen kann –, zum Beispiel an diejenige von Buzurg ibn Schahriyar ar-Ramhurmuzi über die »Wunder Indiens«, aber auch an die reiche phantastische, religiöse und mythologische Literatur der alten und antiken Kulturen.

Ob und wann genau der persische Seefahrer Buzurg tatsächlich existiert hat, ist bis heute unsicher. Vieles deutet auf das 10. Jahrhundert hin. Die von ihm gesammelten Berichte dürften zum Teil älter gewesen sein. Sein Werk, eine Kompilation, bringt viele Einzelheiten; trotz mancher real wirkender Ereignisse mangelt es nicht an sonderbaren, fast märchenhaften Geschichten, die aber nicht nur die orientalische, sondern auch die abendländische »Sachliteratur« dieser Epoche charakterisieren. Hierzu kann man Fragmente zitieren, die von einer Verwandtschaft zu »1001 Nacht« zeugen:

Der Kapitän 'Allama hat einmal Muhammad ibn Babischad von einer Begebenheit erzählt, die sich während der Reise nach Indien und China zugetragen hat. Gerade als er über eines der sieben Meere segelte, ist er zur Zeit des ersten Gebetes in seine Kajüte hinabgestiegen, um die vorgeschriebenen Waschungen zu verrichten. Doch nachdem er einen kurzen Blick auf das Meer geworfen hatte, hielt er sofort inne und lief in großer Angst auf Deck, ohne die Waschungen zu beenden. »Mannschaft«, schrie er, »Segel raffen!« Sie folgten seinem Befehl. »Und jetzt«, fuhr der Kapitän fort, »werft die gesamte Schiffsladung ins Meer!«
[Selbstverständlich wollten die Kaufleute dem Befehl nicht folgen; erst nach der Drohung des Kapitäns, das Schiff mit der

Mannschaft zu verlassen, stimmten alle den Befehlen zu und warfen alles Überflüssige ins Meer. Alsbald kam ein unvorstellbarer Seesturm auf. Das Schiff konnte sich daraus nur dank der Voraussicht des Kapitäns retten.]

Als der vierte Tag angebrochen war, gebot der Herr dem Sturm und den Wellen Einhalt – der Orkan legte sich, und das Meer beruhigte sich. Der Schöpfer hatte das Unwetter aufhören lassen, und da sahen sie, daß Seine Gnade wieder mit ihnen war. (…) Schließlich befanden sie sich in der Nähe einer Insel, an deren Ufer das Unwetter eine Menge Schiffstrümmer, Waren und Frachtkisten aus den verschiedenen Ländern gespült hatte. Sie warfen den Anker, und inmitten dieses Trümmerfeldes fanden sie ihre Waren wieder, die sie ins Meer geworfen hatten. (…) Die Waren, die sie gefunden hatten, vergrößerten ihren Besitz um das Vielfache, folglich kehrten sie reich und glücklich von der Reise zurück. Ehre sei Allah, dem Herrn der Welten! (Marek MEISSNER, 142ff.)

Dieses auch für Sindbad-Reisen charakteristische »Ende gut, alles gut« ist nur eines von vielen verbindenden Merkmalen, neben sachlichen, die aus der relativ guten Landeskunde der arabischen Reisenden und Geographen resultierte. So hinterließ ibn Khurradadhbih (um 820/5–911?), ein arabisch schreibender Iraner, ein »Kaufmanns-Handbuch über die Verbindungswege und Königreiche«, die vom Abbasidischen Reich zu erreichen waren. Die Angaben scheinen für damalige Zeit sehr genau gewesen sein. So lesen wir zum Beispiel: »(…) von Maijit nach links zur Insel Tijumuh (Tioman?). Dort wachsen Aloe und Kampfer. Von dort führt der Weg nach Kamar (Kambodscha), das fünf Tagereisen weit entfernt liegt, wo Reis und kamarisches Holz (für kunstvolle Intarsien) wachsen. (…) aus Sarandib kommen Korunde und diesen ähnliche Steine und Diamanten und Perlen sowie Schmirgel, mit dem sie die Edelsteine bearbeiten.« (Marek MEISSNER, 80f.) Aufgrund dieser Angaben läßt sich an Hand verschiedener Landesprodukte nachvollziehen, wo ungefähr die Routen Sindbads verlaufen sein könnten. Grundsätzlich läßt sich festhalten, daß seine sieben Reisen ihn nach Südostasien und wahrscheinlich bis China führten.

Die Zeit der großen Abbasiden kann als goldene Periode der arabischen Kultur bezeichnet werden. Die umfangreiche Reiseliteratur, ergänzt durch wissenschaftliche Abhandlungen zu Astronomie, Geschichte und Naturwissenschaften, feierte große Triumphe. Dabei ist nicht zu vergessen, daß diese Leistungen nur in Folge der Aufnahme und Verarbeitung dessen, was an nichtarabischer Literatur vorhanden gewesen war – und das war nicht wenig –, möglich geworden waren.

Unter den verschiedenen Abenteuern Sindbads erwecken übernatürliche und wunderbare Motive Aufmerksamkeit, zu denen unter anderem der riesige Vogel Ruch gehört. Über ihn berichtet zwar auch Buzurg, die Quellen dieses sehr verbreiteten Motivs scheinen aber vielfältig zu sein. Ihre Genese läßt sich auf unterschiedlichste Traditionen zurück führen. Buzurgs Erzählung ist dem, was Sindbad berichtete, so ähnlich, daß man sich fragen muß, welcher Bericht den anderen benutzt hat. Buzurg berichtet unter anderem, es werde auf der Insel Sarandib erzählt, daß ein Schiff zerschellt sei:

Ein Teil der Besatzung konnte sich im Beiboot retten und landete auf einer Insel in der Nähe von Indien, auf der sie längere Zeit blieb. Die meisten starben jedoch, bis schließlich nur noch sieben übriggeblieben waren. Als sie nun so auf der Insel weilten, beobachten sie einen riesigen Vogel, der täglich kam, um sich Futter zu holen; gegen Abend aber flog er immer wieder davon, ohne daß man wußte, wohin. Also faßten sie den Entschluß, sich der Reihe nach an die großen Krallen jenes Vogels zu hängen, um so die Möglichkeit zu bekommen, daß er sie mit sich in die Lüfte nähme; denn sie hofften, auf diese ungewöhnliche Weise dem Tod auf der Insel zu entrinnen. Wenn sie der Vogel in Gegenden bringen sollte, in denen Menschen wohnten, so könnten sich ihre Hoffnungen erfüllen; wenn sie verunglückten – würde sie kein anderes Schicksal ereilen als hier. Einer der Schiffbrüchigen versteckte sich also zwischen den Bäumen. Der Vogel kam wie gewöhnlich zum Futterplatz, und als er schon wegfliegen wollte, näherte sich ihm der Mann vorsichtig von der Seite und klammerte sich wie eine geschmeidige Kletterpflanze an die Krallen. Der Vogel breitete seine Schwingen aus und erhob sich in die Lüfte, während der Schiffbrüchige mit gekreuzten Beinen an seinen Krallen hing. So flogen sie übers Meer, bis sich der Vogel schließlich am Hang eines riesengroßen Berges niederließ, wo er sich in der Sonne aufzuwärmen pflegte. Der Seemann ließ sich schnell los

und fiel auf die Erde, halbtot vor Erschöpfung und Angst, und so
blieb er regungslos die ganze Nacht über liegen. Schließlich stand er
auf und ging durch das Land, bis er auf einen Hirten traf, den er in
der Sprache Indiens fragte, wie die Gegend heiße. Der Hirte erzählte
ihm, wo er sei (...) Die anderen Schiffbrüchigen aber brachte der
Vogel der Reihe nach alle nach Indien, bis sie sich schließlich in
einem Dorf fanden. (Marek MEISSNER, 138f.)

Zwar gab es tatsächlich riesige Vögel, die Moas, die aber von Arabern
kaum gesehen worden sein konnten, weil sie nur für Neuseeland nachgewiesen worden sind. Paradoxerweise lokalisierte – noch unter dem
Einfluß Marco Polos – Marek Meissner, Orientalist und Autor des hier
zitierten Buches über die arabische Kultur der Abbasidenzeit, die Heimat
des Moa-Vogels in Madagaskar (!). Die Tiere erreichten eine Höhe von drei
Metern und waren flugunfähig wie die ihnen verwandten Strauß-Vögel.
Die Maoris haben sie zwischen dem 10. und 17. Jahrhundert ausgerottet.
Ob man mit ihnen verwandte Vögel in Indonesien und auf den unzähligen Inseln des Archipels sehen konnte, muß offen bleiben. Es zeigt
sich aber, daß Tiere wiederentdeckt werden, die man schon für aus-
gestorbene Gattungen hielt. Gleichzeitig ist bekannt, daß zwischen
Indonesien und Australien bei den Polynesiern, die zum Teil Kannibalen
waren, Vorstellungen von riesigen Vögeln noch lebendig sind. Ihre
Masken sind bis heute zu sehen.

Die eigentliche Aussage der Geschichte vom Ruch-Vogel ist jedoch in
der langen mythischen Tradition göttlicher Himmelsfahrzeuge zu suchen, die man sich oft als riesige Vögel vorstellte. Im hinduistischen
Kulturkreis kennt man noch immer den Garuda-Vogel; die Simurgh, die
»Königin der Vögel«, die hoch im Albrus-Gebirge lebte und als Be-
schützerin des Rostam, des Helden des »Schahname« (»Das Buch der
Könige«), galt, ist nur noch als mythische Vorstellung in Firdausis Natio-
nalepos überliefert. In der Zeit der Sindbad-Reisen, deren erste Fassung
schon im 9. Jahrhundert bekannt gewesen sein dürfte, waren beide Vorstellungen noch lebendig, Vorstellungen, die auch den Westen als
Phänomene vieler Mythologien beeinflußt haben, sei es als Vögel, Engel,
geflügelte Tiere oder Wesen. Sie wurden zu Traumgestalten, zu Boten und
Helfern, sowohl der Götter als auch gottergebener Menschen.

Garuda, Bruder des Aruna, der schon im großen Epos der Inder, der »Mahabharata« (1,20), Wagenlenker der Sonne ist, ist auch Herr aller Vögel. Er wird in halb-menschlicher Gestalt mit Schwingen, menschlichen Armen, Geierbeinen und einer gebogenen, schnabelähnlichen Nase dargestellt. Vischnu erhob ihn zu seinem Reittier, nachdem er ihm den Lebenstrank geholt hatte. Garuda ist »der schöngefiederte (suparna), goldbeschwingte, einem Greifen gleichende Herr des Himmels, gewalttätig, erbarmungslos und ewig der Verkörperer und Wächter des belebenden Nasses der allnährenden Erde«. (Heinrich Zimmer) Er wird auch als Schlangentöter, als Schlangenverzehrer angerufen. Das erklärt, warum Sindbad mit dem Vogel Ruch zum Diamantental fliegen konnte, das sich im Machtbereich der Schlangen befand:

Aber das ganze Tal war voll von Schlangen und Vipern, von denen eine jede so lang war, wie ein Palmbaum hoch ist, und wegen ihrer Größe einen Elefanten hätte verschlingen können, wenn er dorthin gekommen wäre. Diese Schlangen kommen nur bei Nacht hervor und verbergen sich bei Tage, weil sie fürchten, daß der Vogel Ruch oder die Adler sie packen und zerreißen könnten. (IV 120)

In der hellenistischen Kunst von Gandhara (Nordwest-Indien, 2. vorchristliches bis 4. nachchristliches Jahrhundert) verwandelte sich die Vorstellung des Sonnenvogels in die eines Zeusadlers, der den jungen Ganymed raubte. In der Sindbad-Erzählung sind nur noch Spuren des erobernden Prinzips Garudas erkennbar. Das Absolute differenziert sich in ihnen in polarisierte Manifestationen, die durch die Spannungen des Weltprozesses ins Dasein gebracht und aufrechterhalten werden (so Heinrich Zimmer). Deshalb gelang auch Sindbad die Überwindung der scheinbar unüberwindbaren Schlangengefahr. Die mythischen Abhängigkeiten sind bei näherer Betrachtung deutlich zu erkennen, nicht nur in der Episode mit dem Vogel Ruch. Letzterer deckt sich auch mit der Vorstellung der feurigen Sonnenscheibe, die Gott gegen seine Widersacher schleudert. Die Verbindung zur Sonne ist noch in der Sindbad-Erzählung erkennbar, wenn dieser sagt:

Tut das nicht (das heißt zerschlagt nicht das Ei)! Sonst kommt gewiß gleich der Vogel Ruch und zertrümmert unser Schiff und richtet uns

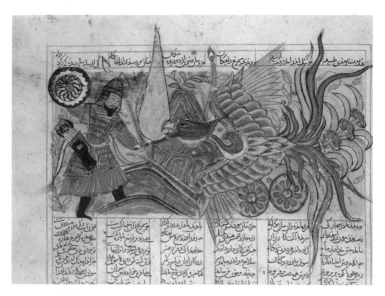

Mythologische Szenen als Vorbilder verschiedener Erzählungen aus »1001 Nacht«
sind überall spürbar. (Aus einer Handschrift des »Schahname« von Firdausi.)

zugrunde! Aber sie wollten nicht auf mich hören, und während sie
noch mit ihrem Tun fortfuhren, verschwand auf einmal die Sonne
vor unseren Augen, und der helle Tag ward zur Finsternis; wie eine
Wolke, die den ganzen Himmel verdunkelte, zog es über uns hin. Wir
hoben unsere Blicke empor, um zu sehen, was denn zwischen uns und
die Sonne gekommen sei; und da entdeckten wir, daß es ein Flügel des
Ruch war, der das Sonnenlicht von uns fernhielt, so daß Dunkelheit
herrschte. (IV 163)

Der Vogel Ruch wird auch in anderen Erzählungen der Scheherezad
erwähnt, sogar im Zusammenhang mit einer Verjüngungskraft, die sich
infolge des Verzehrs des Fleisches des jungen Vogels entfaltet (III 543).
Hier dürften auch die lebenssichernden Aspekte des Garudas ihren
Niederschlag gefunden haben, aber stärker noch Traditionen, die zu der
altägyptischen Vorstellung des Bennu-Vogels gehören, des Vogels des
Ursprungs allen Seins, des Vorläufers des Phoenix, des Symbols der Auferstehung.

Alexander der Große zwischen den Greifen, die ihn zum Himmel tragen; aus dem Mosaik von Otranto (Fußbodenmosaik in der Kathedrale aus dem 13. Jahrhundert). Ein wichtiges Moment des Alexanderromans.

Die himmlischen Fahrzeuge können sich jedoch sehr unterschiedlich darstellen. So werden sie in biblischen Visionen (Ezechiel, Daniel, Offenbarung) zum Thron Gottes, in vielen antiken Berichten zu ähnlich gestalteten Vehikeln. So steigt nach Pseudo-Kallisthenes Alexander der Große, von vier Adlern getragen, in den höchsten Himmelsdom, ein Bild, das sich auch in »Schahname« findet.

Der Alexanderroman, ein im 3. Jahrhundert v. Chr. entstandenes Werk, ist zwischen Orient und Okzident besonders populär geworden, obwohl darin Historisches nur angedeutet, statt dessen aber das Wunderbare hervorgehoben wird. Vermittelt werden phantastisch-mythische Vorstellungen und Bilder, die lange prägend geblieben sind. Noch in einem Stich des Niederländers Johannes Stradanus (1523–1605), der eine Apotheose Magellans versinnbildlicht, finden sich in seiner symbolischen Aussage mehrere mythische Gestalten und Wesen; über dem Schiff erhebt sich der Vogel Ruch mit einem Elefanten in den Krallen, so wie es Marco Polo in seiner Beschreibung von Madagaskar, die die Sindbad-Geschichte überträgt, suggerierte:

> *(...) der Vogel Greif sei riesig und stark, er vermöge einen Elefanten zu packen und hoch in die Luft zu tragen. Er lasse ihn dann irgendwo fallen; der Elefant bleibe auf dem Boden zerschmettert liegen; der Greif stürze sich darauf, reiße das Fleisch von den Knochen und verzehre die Beute ganz. Die Augenzeugen behaupten, die Flügelspannweite betrage dreißig Schritt, und die Federn seien zwölf Schritt lang. (...) Die Insulaner heißen ihn Rock (Ruch), sie kennen keinen andern Namen und wissen nicht, daß er ein Greif ist.* (MARCO POLO, CXCII)

So finden sich im europäischen Kulturerbe zahlreiche Elemente aus Reiseberichten, die ihren wunderbaren Aspekt in viele später entstandene Märchen hinein transportiert haben. Leider ist der ursprüngliche Alexander-Roman nicht erhalten geblieben. Man kennt nur verschiedene Bearbeitungen und Rezensionen, in denen viele ältere Motive und Themen sowohl aus dem altägyptischen, als auch aus dem vorderasiatischen Bereich zu finden sind. Dazu gehören auch die in den Sindbad-Reisen (besonders in der siebenten) angesprochenen Aspekte der Engelkunde mit ihren unzähligen Vorbildern, zu denen nicht nur die persischen und biblischen, sondern auch die ägyptischen gehören, mit der Vorstellung des Seelenvogels, der als BA-Vogel die Verbindung zwischen dem Verstorbenen und seinem himmlischen Geist herstellt. Das Fliegen in himmlische Sphären scheint zu den universellen religiösen Phänomenen zu gehören; sogar Muhammed begibt sich auf eine solche Himmelsreise, die an die Geschichte des fliegenden Ebenholzpferdes aus »1001 Nacht« erinnert (III 350–385), weil Muhammeds Gefährte auch ein fliegendes Pferd mit dem Namen Buraq ist.

Was man jedoch mit den sieben Sindbad-Reisen verbindet, ist nicht nur ihre an die Zahl gebundene Symbolik eines abgeschlossenen Seinsverständnisses nach dem Vorbild des durch die sieben Planeten abgeschlossenen Kosmos, die sich in den sieben Tagen der Woche usw. widerspiegeln, sondern auch die Erinnerung an die bekannten Reisen des Odysseus und sein Abenteuer mit Polyphem, der an den Riesen in der dritten Sindbad-Reise erinnert. Das bemerkte schon Richard Hole 1797 in seinem Kommentar zu »1001 Nacht«, ohne allerdings zu klären, wie es zur Kenntnis der Homerischen Verse bei den Arabern gekommen war.

Wie erwähnt, wirkten unter den Omajjaden und Abbasiden auch christliche Gelehrte, denen der griechische Literaturschatz bekannt war; so übersetzten zum Beispiel Athanasios von Balad († 689) und Theophilos von Edessa († 785) große Teile der »Ilias« und der »Odyssee« ins Syrische. Sie schufen damit die Grundlage für arabische Teilrezensionen, über die einige Homerische Motive Zugang in die Erzählungen aus »1001 Nacht« fanden – unter anderem in die Erzählung über den Zaubertrank der Königin Lab, die sich, nach dem sie davon getrunken hatte, in einen Vogel verwandelte (V 136ff.). Dieses Kirke-Motiv ist auch den apokryphischen Apostelakten bekannt, die man mit der Episode aus der dritten Reise Sindbads vergleichen kann:

In jener Zeit versammelten sich die Apostel insgesamt und verteilten die Länder untereinander, indem sie Lose warfen, auf daß ein jeder in das ihm zugefallene Gebiet fortziehe. Seinem Los entsprechend wurde es nun dem Matthäus zuteil, in das Land (...) der Menschenfresser zu ziehen. Die Menschen jener Stadt (...) aßen nicht Brot noch tranken sie Wein, sondern sie pflegten das Fleisch von Menschen zu essen und ihr Blut zu trinken. Jeder Mensch nun, der in ihrer Stadt ankam, den ergriffen sie und rissen ihm die Augen aus. Und nachdem sie ihm die Augen herausgenommen haben, gaben sie ihm einen aus Zaubermitteln bereiteten Trank zu trinken; und wie er diesen nun hinuntertrank, verwandelte sich sein Sinn (...), und der Verstand wurde ihm genommen. (Acta, 32)

Die christlichen Quellen, die meist über das Syrische ins arabische Repertoire einflossen, erschöpfen sich damit nicht. Das Reisen war ein wichtiger Topos, den wir auch in dem berühmten Werk »Topographia christiana« (um 550) des Kosmas Indikopleustes (des Indienfahrers) wiederfinden, der bis Indien und Ceylon segelte. Es ist bemerkenswert, daß der Name des christlichen Seefahrers – über den wir sehr wenig wissen und der wahrscheinlich ein alexandrinischer Kaufmann und Seefahrer war, der sein Lebensende als Mönch auf dem Sinai vollbrachte – dem Namen von »Sindbad dem Seefahrer« entspricht. Seine

Angaben sind nicht minder genau als die des späteren arabischen Indienfahrers, von dem schon die Rede war. So berichtet er über Taprobane (Ceylon):

Da die Insel Ceylon tatsächlich zentral gelegen ist, wird sie von Schiffen aus allen Teilen Indiens, Persiens und Äthiopiens viel besucht und sendet ebenso gar manche von ihren eignen aus. Von den fernsten Ländern, wie Tzinitza (China) und anderen Handelsplätzen empfängt sie Seide, Aloë, Gewürznelken, Sandelholz und andere Produkte. Diese werden wieder zu den Märkten auf unsrer Seite (das heißt im Westen) ausgeführt, zum Beispiel nach Male (Malabar), wo der Pfeffer wächst, und nach Kalliana (bei Bombay), das Kupfer, Sesam und Gewebe zur Anfertigung von Gewändern ausführt, denn es ist gleichfalls ein bedeutender Handelsplatz; ferner nach Sindu, wo Moschus und Bibergeil und Androstachys (Lavendelöl?) erzeugt wird, nach Persien, dem Homeritenland (Jemen) und Adulis (Zula am Roten Meer). Die Insel erhält Waren von all den genannten Märkten und befördert sie weiter zu entfernten Häfen, während sie gleichzeitig ihre eigenen Waren in beide Richtungen hinausschickt. (HENNIG, II 47f.)

Diese Angaben, die man noch um weitere vorislamische Quellen erweitern könnte, verdeutlichen, daß es schon lange intensive Kontakte entlang der sogenannten »Seidenstraßen« gegeben hatte. Es war nicht erst die arabische Expansion, durch die man Waren aus dem Fernen Osten kennenlernte. Im Gegenteil ist es durch die kriegerischen Auseinandersetzungen mit der islamischen Vormacht in Asien zu Behinderungen im spätantiken Seehandel gekommen. Die Araber übernahmen die Kontrolle über die Handelswege und beeinflußten möglicherweise durch ihre phantastisch-gruseligen Erzählungen die Vorstellungen Europas vom Osten. Deshalb wagten Europäer nicht mehr so oft, in die fernen Länder voller unbekannter Wesen und Sonderbarkeiten zu reisen, was auch Marco Polo eindrucksvoll wiedergegeben hat.

Bei der Suche nach allen nur erdenklichen Wundergeschichten, sowohl bei Scheherezad als auch bei Marco Polo, muß festgehalten werden, daß man trotz der unterschiedlichen Angaben über Länder, Völker und sogar Naturereignisse die Schönheit der Landschaft und der Natur nicht

Die Szene aus dem Bericht über die Reise des heiligen Brendan, die fast identisch zum ersten Erlebnis Sindbads geworden ist.

empfunden zu haben scheint. So nimmt es auch nicht wunder, wenn stets nur von der großen Zahl von Armreifen, Bändern, Gold- und Perlenketten und von Edelsteinen die Rede ist, aber nicht von ihren Formen und dem, was ihre Schönheit ausmacht. Demgegenüber werden menschliche Schönheit und Werke, aber auch dämonische und tierische Gestalten beschrieben, jedoch nur, wenn sie von der Norm abzuweichen scheinen. In »1001 Nacht« wirkt sich eine koranische Ästhetik aus, die eigentlich nur Begriffe für den Ausdruck von Schönheit kennen, wie zum Beispiel Glanz, Paradies, aber auch Reichtum und Luxus. Davon sind die Ereignisse um Sindbad den Seefahrer voll. Seine Reiseerzählungen haben eine Reihe von nicht versiegenden Quellen hinterlassen, die sich sowohl bei Sir John de Mandeville als auch in dem Bericht über die Reise des heiligen Brendan und in der mittelhochdeutschen Dichtung »Herzog Ernst« niedergeschlagen haben.

Die »Navigatio sancti Brendani« (etwa 12. Jahrhundert) gewinnt in diesem Zusammenhang insofern an Bedeutung, als man hier Spuren der besonderen Beziehungen zwischen Irland und dem Orient erkennen kann. Durch diese Kontakte scheinen auch die Abenteuer des Sindbad bekannt geworden zu sein, wenn man bedenkt, daß die Reise Sankt Brendans und seiner Genossen sieben Jahre dauerte. Dabei erlebten und erfuhren sie unter anderem das gleiche, was Sindbad von seiner ersten Reise berichtete: »Hier entdeckten sie eine Insel, die auf einem Fisch stand, und hängten einen Kessel über ein großes Feuer, da sie das Schaf kochen wollten, und das Feuer begann den Fisch zu verbrennen, und der Fisch bewegte die Insel.« (Krumauer Bildercodex 370 ÖNB, 163 v.)

Diese mittelalterliche Rezeption des Sindbad-Stoffes im Westen, die noch zur Sprache kommen wird, kennt mehrere Väter, aber sie verdeutlicht, wie eng damals schon die Traditionen verwoben waren. Johann Wolfgang von Goethe ahnte dies, als er in Anlehnung an die Koran-Übersetzung von Hammer-Purgstall schrieb:

> *Gottes ist der Orient!*
> *Gottes ist der Okzident!*
> *Nord- und südliches Gelände*
> *Ruht im Frieden seiner Hände.* (GOETHE, 15)

Das Gebet, fünfmal am Tag Pflichtritual aller Muslime.

IV. KÖNIGE, »BRÜDER« UND DIE »HEILIGE MACHT« DES KALIFEN

Eine Grundform der Legitimierung der Herrschaft von Menschen über Menschen vollzieht sich im Symbol der Ausstrahlung von der göttlichen Spitze über die Hierarchie der Herrscher und Ämter bis hinunter zum letzten gehorchenden Untertan.

(VOEGELIN, 29)

Die Geschichten aus »1001 Nacht« sind schon durch ihre Rahmenerzählung eine Huldigung an die Herrschenden, deren Befehle und Wünsche man in grenzenloser Ergebenheit zu erfüllen hatte. Man findet in ihnen alle nur erdenklichen Topoi der Herrschaft, was der Sammlung eine gewisse Universalität verleiht. Scheherezad erzählt quasi in der Rolle einer Therapeutin dem traumatisch gestörten König Schehrijar alles mögliche; die Erzählung der klugen Wesirtochter beschäftigt sich meist mit den Orten herrschaftlichen Handelns und den dort lebenden Personen: Paläste und Schlösser, den darin wirkenden Höflingen, der Familie und den Dienern des Herrschers. In diesem Zusammenhang kann Scheherezad indirekt auch Kritik an den Herrschenden üben. In ihren weitschweifenden Ausführungen unterscheidet sie zwischen namentlich genannten und anonymen Herrschern, die märchenhaft mit »es war einmal ein König« umschrieben werden. Das erlaubte ihr, mit moralisierendem Hintergrund anonyme Könige als Exempla für negative Eigenschaften von Herrschern vorzuführen. Sie erzählt aber auch von anderen, die nicht der islamischen Geschichte angehörten, zum Beispiel von Salomo, Alexander dem Großen und dem Sassanidenkönig Anuscharwan (Chosrau Anoscharwan, 531–578). So werden in meist kleinen Erbauungsgeschichten, die man unter der Bezeichnung »Der König und der Tod. Ein letztes Gespräch« subsumieren könnte, fragwürdige menschliche Eigenschaften an den Pranger gestellt, besonders solche, die die Nichtbefolgung der fünf Pflichtgebote des Islam betreffen. Der Islam fordert – was auch in einer langen Geschichte der schönen und klugen Sklavin Tawaddud in »1001 Nacht« ausführlich behandelt wird (III 626–696) – alltägliches Gebet, Almosengabe, Fasten (im Monat Ramadan), Pilgerschaft nach Mekka und das umfassende Bekenntnis zum alleinigen Gott (Allah). Damit wird die Erlösungsfrage untrennbarer Bestandteil der Erzählungen aus »1001 Nacht«. Wenn man sie ausgliedert – was leider bei den meisten populären Bearbeitungen geschehen ist –, gehen Sinn und universelle Bedeutung der Erzählungen aus »1001 Nacht« verloren. »Die Geschichte vom Engel des Todes vor dem reichen König« legt dafür Zeugnis ab:

Ein König hatte einst unendlich und unermeßlich großes Gut aufgehäuft und von allen Dingen, die Allah der Erhabene in dieser Welt geschaffen hat, eine große Menge gesammelt, auf daß er seine Seele dadurch erquickte. (...) Da saß er nun auf dem Throne seiner Herrscherherrlichkeit, lehnte sich in die Kissen zurück und redete zu seiner Seele, in dem er sprach: »O Seele, du hast dir jetzt alle Güter dieser Welt aufgehäuft; nun gib dich ihnen hin und iß von diesen guten Dingen, dir zur Gesundheit; denn dir ist ein langes Leben voll reichen Glücks gegeben!«
[Während er so sinnierte, kam in sein Schloß ein Mann in Gestalt eines Bettlers, den man nicht einlassen wollte, bis er plötzlich seine Absichten offenbarte:] *»Ich bin der Engel des Todes! (...) ich bin nur deinetwegen [o König] gekommen, um dich zu trennen von den Gütern, die du aufgehäuft hast, und von den Schätzen, die du gesammelt und aufgespeichert hast!« Nun begann der König zu seufzen und zu weinen, und er rief: »Allah verfluche den Reichtum, der mir nur Täuschung gebracht und mich elend gemacht und von dem Dienste meines Herrn ferngehalten hat!« (...) Darauf ließ Allah den Reichtum reden, und der sprach: »Warum verfluchest du mich? Verfluche dich selber! Allah der Erhabene hat mich und dich aus dem Staube geschaffen, und er gab mich in deine Hand, auf daß du dir durch mich eine Wegzehrung schüfest für dein Leben im Jenseits und von mir den Armen und Bedürftigen und Elenden Almosen gäbest; auf daß du von mir Herbergen und Moscheen, Brücken und Wasserleitungen bautest und ich dir so ein Helfer wäre in der künftigen Welt. Du aber hast mich aufgehäuft (...) und mich für dein eigenes Gelüst verwandt (...)« Dann nahm*

der Engel des Todes die Seele des Königs, während er auf seinem
Throne saß (...) (III 699ff.)

Die Aussage dieser Erzählung ist eindeutig, sie bestimmt die Aufgaben des Herrschers, der zwar nicht genannt, aber als ein islamischer zu erkennen ist. In diesem Zusammenhang erinnere man sich an die Sucht nach Reichtum bei Sindbad dem Seefahrer, der aber dafür niemals kritisiert wurde, denn Sindbad »speicherte alle Güter, die er mitgebracht hatte, verteilte Geschenke und Gaben und kleidete die Witwen und Waisen.«

Herrschaftliches Handeln muß also auch einen sozialen Aspekt beinhalten. Dadurch wird die Schicksalsfrage mit ihren fatalistischen Zügen (*Kismet*) relativiert. Gute Werke sind für das Heil erforderlich und notwendig; das verdeutlicht eine andere Geschichte, in der der König fragte: »Wer ist denn bei mir, wenn ich zu meinem Grabe getragen werde?‹ Der Engel (des Todes) erwiderte: ›Nur allein deine Werke!‹ Und als der König darauf sagte: ›Ich habe keine Werke‹, fuhr der Engel fort: ›So ist es denn sicher: Deine Stätte wird im höllischen Feuer sein, und du gehst zum Zorne des Allgewaltigen ein!‹« (III 703)

Die Beachtung der Gebote Gottes ist also für das Jenseits entscheidend, vor dem Tod sind alle gleich, vor ihm gibt es kein Entrinnen: »(...) in seiner Verblendung bei sich selber sprach (einer von den Herrschern der Vorzeit): Wer in aller Welt ist mir gleich? Und er begann von Stolz und Übermut zu schwellen, er ließ der Hoffart freien Lauf und ging ganz in den Gedanken an seine eigene Herrlichkeit auf, so daß er in seinem verblendeten Dünkel und seiner selbstgefälligen Anmaßung keinen Menschen mehr anblickte. Dabei merkte er nicht einmal, daß ihm der Engel des Todes begegnete.« (III 697) Der wahre islamische Herrscher hat also stets das Jenseits im Auge.

Dieser allumfassende religiöse Duktus ist unverkennbar; er wird zum Prinzip rechtschaffenen Handelns jedes Herrschers. Die Regeln dafür sind beispielhaft in der Erzählung »Von dem gerechten König Anuscharwan« (III 706ff.) genannt: »Die Religion hängt vom König ab, der König von den Truppen, die Truppen von dem Staatsschatze, der Staatsschatz von der Wohlfahrt des Landes und die Wohlfahrt des Landes von der gerechten Behandlung des Untertanenstandes.«

Die Gerechtigkeit – die auch Gott bedeutet – und die mit ihr verbundene Ordnung sind Garanten für ein volkreiches Land. Deshalb versteht man, warum der Kalif Harun, der in den 180 Geschichten aus »1001 Nacht« sechzigmal vorkommt, bewußt mit dem Beinamen »der Gerechte« (er-Raschid) und dem Titel »Beherrscher [Befehlshaber] der Gläubigen« bedacht worden ist. In dieser Form erscheint auch sein Name auf den Münzen, was eindeutig an die antiken propagandistischen Münzbilder im Dienste der vergöttlichten Herrscher anknüpft. Harun er-Raschid hat seine ideologisch gesteuerte Wirkung noch durch die Sammlung aus »1001 Nacht« verstärkt, so daß sein Bild im allgemeinen mehr durch diese Erzählungen als durch tatsächliche historische Quellen – die nicht immer aus der arabisch-islamischen Welt stammen – geprägt worden ist.

Das Bild, das in »1001 Nacht« von diesem Kalifen gezeichnet worden ist, liegt der historischen Realität seines Charakters und seiner Handlungsweisen nicht allzu fern. In ihm verband sich das Urarabische/Vorislamische und Islamische mit den Vorstellungen von vergöttlichten Herrschern der alten und antiken Welt, zu denen beispielsweise Träger verborgener Macht wie Salomo, Alexander der Große und einige persische und altägyptische Könige gehören.

Was war aber das Urarabische? In erster Linie eine beduinische und Stammestradition, in der der Clan – zum Beispiel derjenige der Kuraischiten, der Familie des Propheten Muhammads – hervorgehoben und ihm gehuldigt wurde. Man kannte die Führerschaft des Einzelnen als *primus inter pares (sajid)*, suchte aber den Rat der Alten und befolgte ihn auch zuweilen. Die Bedeutung des Nachweises der kuraischitischen Abstammung ging im Islam soweit, daß der Kalif, als Machthaber, seine Herrschaft nur durch diese Genealogie legitimieren konnte. Das wiederum war in der sagenhaften Auffassung begründet, daß die Kuraischiten direkte Nachkommen von Ismael, dem Sohn Abrahams, waren.

Die alte – genealogisch bedingte – Ordnung, die auch für Muhammad die Richtschnur war, ist für den Islam zum Problem geworden, weil sein Begründer keinen männlichen Nachfolger hatte. Er bestimmte zur Nachfolger Abu Bakr, der als *chalifa* zum »Stellvertreter des Gottgesandten« wurde und in erster Linie religiös-kultische Aufgaben wahrzunehmen hatte. Den Titel *amir* (Befehlshaber) übernahm erst 634 'Umar b. al-Chattab (634–644), der die Ausformung und das Verständnis des Kalifenamtes neu bestimmte. Die unterschiedliche Wahrnehmung dieses Amtes kann man als Ursache des »ewigen« Streites in der islamischen Welt bewerten.

Unter den Omajjaden verstand man das Amt des Kalifen als von Gott verliehen: »Die Erde gehört Gott; er hat sie seinem chalifa anvertraut; der, der auf ihr der Herrscher ist, wird nicht besiegt werden. Gott hat dich mit der chilafa und der Rechtsleitung geschmückt; bei dem, was Gott bestimmt (qada), da gibt es keine Änderung.« (WATT/MARMURA, 73) Mit dieser Festlegung war aus dem »Stellvertreter des Gottesgesandten« ein »Stellvertreter Gottes« geworden.

Die Antwort auf die Frage, wieso es dazu kam, kann nicht mehr in arabischen Ursprüngen gesucht werden; hier sind eindeutig vorhellenistische und hellenistische sakral motivierte Herrschaftsvorstellungen aufgenommen und islamisch begründet worden, was übrigens dann zur Spaltung des Islam geführt und die Etablierung verschiedener Rechtsschulen verursacht hat. Dieser Aspekt, der schon weiterführt, ist jedoch nur einer von vielen; die anderen urarabischen Komponenten, die in »1001 Nacht« lebendig geblieben sind, können aber nicht außer acht gelassen werden.

Hierzu gehören die alten vorislamischen Sitten der Freigebigkeit und Großzügigkeit. Sie spiegeln sich wider in zahlreichen Erzählungen, die später auch die von »1001 Nacht« bestimmt haben, so zum Beispiel in der »Geschichte von Tahla, dem Sohn des Richters von Ägypten. Was ihm mit der Sklavin Tuhfa widerfuhr, wie sie ihm entrissen wurde und welches Ungemach er erduldete, bis er mit ihr vereint wurde«. Sie fand ihr Abbild in der Erzählung von der Sklavin Tawaddud (III 626ff.). Es wird erzählt: »Als der Richter erfuhr, was sein Sohn für Tuhfa empfand, war er sehr erfreut. Er befahl, die Sklavin zur Eheschließung auszustatten und herzurichten und seinem Sohn zuzuführen. Sodann veranstaltete er für ihn eine schöne Hochzeitsfeier, für die er viel Geld ausgab, und ließ ein Festmahl herrichten, zu dem die Vornehmen wie das einfache Volk von Kairo, Männer und Frauen, erschienen.« (Buch der wundersamen Geschichten, 41)

Gastfreundschaft und Geschenke, die oft an Verschwendung grenzten, werden auch zum häufigen Motiv der Handlungen von Harun er-Raschid, der seine Gefährten bei allen festlichen Gelagen fürstlich entlohnte, besonders wenn sie in der Lage waren, ihn zu unterhalten und zu ergötzen (zum Beispiel III 442ff.). Solche Traditionen werden von den islamischen Herrschern bis heute praktiziert; es reicht, auf die Hochzeit des jungen marokkanischen Königs Hussein hinzuweisen (2002), um sich dessen bewußt zu werden. Diese unzählige Male angesprochenen Sitten gaben auch Anlaß zu den unendlichen Geschichten, die nicht erst unter den Abbasiden in Umlauf kamen, sondern seit alters her, auch schon in beduinischen Zelten, tradiert worden waren. Ihre etwas rohe und volksnahe Struktur findet sich noch heute in den jemenitischen Märchen wieder, die etwas von der arabischen Ursprünglichkeit behalten haben.

Diese Ursprünglichkeit ist in »1001 Nacht« stellenweise verschüttet. In einigen kurzen Weisheitssprüchen ist jedoch ihre Lebendigkeit erhalten geblieben, obwohl man nicht immer entscheiden kann, wie weit die Ursprünge solcher Sprüche – die auch in der Bibel und ihrer Umwelt zu finden sind – zurück reichen. Beispielhaft sei auf die Lehren des 'Abd el-Malik ibn Marwan, des fünften Omajjaden-Kalifen (685–705), hingewiesen, die auch in den Erzählungen Scheherazads ihren Platz fanden:

Wie man sagt, gibt es kein höheres Gut als den Verstand: der rechte Verstand aber besteht aus Umsicht und Festigkeit, die rechte Festigkeit ist Gottesfurcht, der Weg zu Gott sind gute Eigenschaften, das rechte Maß ist die Gesittung, der rechte Nutzen ist der göttlichen Segen, das rechte Geschäft sind gute Werke, der rechte Gewinn ist Gottes Lohn, die rechte Mäßigung das Beharren bei den Geboten der heiligen Überlieferung, die rechte Wissenschaft ist die Meditation, der rechte Gottesdienst die Erfüllung seiner Gebote, der rechte Glaube die Bescheidenheit, der echte Adel ist Demut, die echte Ehre das Wissen. (I 604)

Die Erzählungen aus »1001 Nacht« zeichnen oft einen charismatischen Herrscher, der dem Menschlichen beinahe entrückt ist, weil er als »Auserwählter Gottes« glaubt, anderen Gesetzen zu unterliegen. So gehörten in fast alle Kalifengeschichten Trinksprüche, bei denen – trotz des Verbots – nicht nur getrunken, sondern auch gehuldigt wurde. Solche Lobeshymnen bezogen sich nicht nur auf den Kalifen, sondern auch auf den Wein. Sie waren im poetischen Umkreis von »1001 Nacht« selbstverständlich, was das Beispiel Abu Nuwas zeigt:

Nimm dir zum Freund die Runde der Becher alten Weines,
Und eine neue Runde sei nach ihr gereicht

Aus einer schönen Hand, den rote Lippen zieren,
So zart, daß er dem Moschus und den Äpfeln gleicht!
Ja, nur die Hand des Rebes schenk den Wein dir ein;
Ein Kuß auf seine Wange ist süßer noch als Wein! (III 428)

Die Ausbreitung des Islam unter den Omajjaden hat große vom Hellenismus und seiner Kultur beeinflußte Gebiete im Mittelmeerraum erfaßt. Das Römische Reich verlor in seiner letzten Ausprägung als Byzantinisches Reich (bis 1453) mit zunehmender Geschwindigkeit seine Dominanz zugunsten der Kalifate. Erst waren das die Omajjaden, dann die Abbasiden, die noch stärker als ihre Vorgänger den persischen Vorbildern verhaftet waren.

Die Omajjaden waren – besonders in der ersten Phase ihrer Machtentfaltung – allgemein für ihre Untertanen noch zugänglich; Mu'awija hatte noch die offene, fast familiäre Art eines arabischen Häuptlings und pflegte einen fast brüderlichen Umgang mit den islamischen Würdenträgern. Dagegen übernahmen die Abbasiden die Züge der persischen Monarchie. Der Abbaside saß in seiner herrlichen Majestät auf seinem Thron, hierarchisch umgeben von seinen Würdenträgern, Leibwächtern, dem Scharfrichter mit gezücktem Schwert; er pflegte kaum noch direkte Kontakte mit seinem Volk, und wenn, dann nur in höfischen schmeichlerischen Liedern und Erzählungen.

In dieser Zeit ist das Urarabische immer mehr durch die Sitten und Vorstellungen der neuen, nicht-arabischen Muslime überlagert worden. Anfangs waren es Ägypter, dann kamen Berber, iranische und türkische Völker, Mongolen und Hamiten. Darauf ist zurückzuführen, daß schließlich die Mehrheit der Muslime im ethnischen Sinne nicht mehr arabisch war. Die Arabisierung wurde zur Islamisierung und manifestierte sich nur noch durch die gemeinsame Sprache des Koran und des Islam. In einer solchen Konfiguration erschien die Machtergreifung durch die Abbasiden, die der haschimitischen Bewegung angehörten, verständlich. Die Omajjaden, die sich hellenisiert hatten, galten als gottlos und verachtungswürdig, was der erste Abbaside, As-Saffah, bei seiner Einsetzung zum Kalifen in Kufa zum Ausdruck brachte: »(...) durch uns leitet Gott die Menschen auf den rechten Weg, nachdem sie sich im Irrtum befanden (...) Durch uns hat er der Wahrheit zum Sieg verholfen und das Nichtige zum Verstummen gebracht. (...)

Gott ließ sie (das heißt die Omajjaden) eine Zeitlang gewähren, bis sie ihn vollends betrübt hatten. Und als sie ihn betrübt hatten, nahm er durch uns an ihnen Rache, gab uns unser Recht zurück, brachte durch uns die Gemeinde wieder in Ordnung, übernahm es, uns zum Triumph zu führen, um mit uns die zu beglücken, die auf Erden unterdrückt waren.« (NAGEL, Staat, I 154f.)

Der Übergang von den Omajjaden zu den Abbasiden, der in den ältesten Schichten von »1001 Nacht« stark zum Vorschein kommt, bedarf eines historischen Rückblicks. In der kurzen Periode der omajjadischen Herrlichkeit traten all die Momente auf, die deutlich auf eine Rezeption des vorislamischen – im eigentlichen Sinne mit dem Islam nicht zu vereinbarenden – sakralen Königtums hinweisen. Zwar regierten die Abbasiden in der Absicht, die ursprüngliche Form der ersten »rechtgeleiteten« Kalifen wieder einzuführen, de facto lehnten sie aber, wie ihre Vorgänger, das traditionelle urarabische Wahlgremium ab. Sie stützten sich dabei auf die koranische Tradition, in der König David vom Gott zum seinem Stellvertreter auf Erden bestimmt wird: »O David, wir bestellen dich zu einem Stellvertreter auf der Erde. So richte nach dem Recht die Menschen und folge nicht der Lust, die dich abirren machte von dem Wege Gottes.« (Sure 38:25)

Die arabisch-beduinischen Verbände waren bei ihren Eroberungszügen in eine durch alte Kulturen geprägte Welt eingedrungen. Diese Kulturen überwältigten die Araber mit ihrer Zivilisation und ihrem Prunk. Zum Teil waren sie zwar durch das Christentum in Mitleidenschaft gezogen worden, aber trotzdem keinen allzu radikalen Veränderungen ausgesetzt gewesen, denn mit der staatlichen Anerkennung des Christentums (313) war es zum reformistischen Übergang von der Spätantike ins Mittelalter gekommen. Diese Tatsache sicherte in vielen Bereichen das Fortleben alter Traditionen in einer hellenistischen Umhüllung. Dazu gehörte auch die Vorstellung einer heiligen Macht, die mit der Übernahme des Christentums im Westen nicht verloren, sondern in das charismatische Gottesgnadentum der Kaiser übergegangen war. Dafür stand als Vorbild die faszinierende Gestalt Alexanders des Großen, der von Scheherezad als weiser Herrscher angesprochen wird (III 704ff.).

Er erkennt – wie alle »rechtgeleiteten« Herrscher – bei einem Gespräch an den Gräbern der verstorbenen Könige, deren Schädel er betrachtete, die Güte eines Herrschers daran, daß er gerecht gegen seine

Untertanen war. Man liegt nicht falsch, wenn man darin das scheinbar universalistische Vorbild für die existentielle Reflexion entdeckt, die man bei William Shakespeare (1564–1616) in der berühmten Kirchhof-Szene (V 1) aus »Hamlet, Prinz von Dänemark« wiederfindet.

Alexander, der Makedone, hat wie kein anderer vor und nach ihm den vorislamischen Orient mit dem Okzident verbunden. Er ließ sich durch das ägyptische Gottkönigtum soweit inspirieren, daß er selbst in der Oase Siwa von Amun zum Gottkönig auserwählt wurde. Er wurde in der spätägyptischen Erzählung »Der Trug des Nektanebos« (Altägyptische Märchen, Nr. 31) zum Sohn des Amun, der in Gestalt des ägyptischen Pharao Nektanebos der Mutter Alexanders Olympia beiwohnte. Die Anknüpfung an die altägyptische Tradition des Geburtsmythos des Gottkönigs zeigt das Selbstverständnis des sakralen Königtums, das sowohl zur Grundlage der Vergöttlichung der hellenistischen Herrscher und römischen Kaiser als schließlich auch der Sakralisierung des omajjadischen und abbasidischen Kalifats wurde.

Mit dieser Tradition verbindet sich eine altägyptische mythische Erzählung, allgemein als »Brudermärchen« bekannt geworden (Altägyptische Märchen, Nr. 5). Sie gilt als eine der ältesten mythischen Geschichten. Ihre Motive finden sich in zahlreichen Märchen wieder. Diese 1200 v. Chr. aufgeschriebene Erzählung fand seit Sir Alan Gardiners Veröffentlichung (1932) unter Märchenforschern großes Interesse. Dabei sind jedoch die wahren Inhalte, die nur im Kontext der ägyptischen Vorstellung von der Göttlichkeit der Könige (die man populär, aber irrtümlich als Pharaonen bezeichnet) zu verstehen sind, außer acht gelassen worden. Die Erzählung vermittelt – besonders für den heutigen Leser beziehungsweise Zuhörer – verstärkt eine zentrale Idee von Herrschaft, die in Wahrheit nur von und bei dem ewigen Gott zu suchen ist. Es kann hier aber nicht um die Analyse dieses vielschichtigen Mythos gehen – dies würde die Rahmen diese Buches sprengen –, sondern nur darum, die Bedeutung einer Tradition des sakralen Königtums hervorzuheben, an der auch die neuen Machthaber der östlichen und südlichen Hemisphäre des Mittelmeerraumes nicht vorbeigehen konnten. Um dem im islamischen Sinne gerecht zu werden, griff man auf die biblischen Bilder des Königs Salomo (Koran, Sure 27:17) und seines Vaters David (Sure 38:25) zurück. König Salomo tritt in »1001 Nacht« mehr als fünfundzwanzigmal auf, ausgestattet mit magischen Kräften, so daß ihm nicht nur die Menschen, sondern sogar die Tiere untertan werden. Er wird im Gegensatz zu der auch aus der Bibel bekannten urarabischen Herrscherin von Saba, die in islamischer Tradition den Namen Bilkis trägt, immer vorbildhaft dargestellt. Bilkis, die auch von Scheherezad erwähnt wird, ist den dämonischen Kräften verwandt, die Salomo zu bändigen weiß.

Nun lebte in Jerusalem ein Mann, der war mit allen Wissenschaften vertraut; er war bewandert in der Geometrie, der Astronomie und der Mathematik, in der natürlichen Magie und in der Geisterkunde. Und er hatte das Alte und das Neue Testament gelesen, die Psalmen und die Schriften Abrahams. Er war 'Affan geheißen, und er hatte in einem seiner Bücher gefunden, daß dem, der den Siegelring unseres Herrn Salomo trüge, alle Menschen und Geister, Vögel und wilde Tiere, ja alle erschaffenen Wesen untertan würden. Ferner hatte er in einem seiner Bücher gelesen, daß unser Herr Salomo, als er gestorben war, in einen Sarg gelegt und über sieben Meere dahingetragen wurde, mit dem Siegelring an seinem Finger, und daß kein Mensch und kein Geist den Ring von ihm fortnehmen könne und daß auch kein Seefahrer imstande sei, mit seinem Schiffe an jene Stätte zu gelangen. Ferner hatte er in noch einem anderen Buche gelesen, daß es unter den Kräutern ein besonderes gebe; wenn man davon etwas nehme und auspresse und mit dem Safte die Füße salbte, so könne man über alle Meere in der Welt Allahs des Erhabenen schreiten, ohne die Füße zu netzen; doch könne man dies Kraut nur gewinnen, wenn man die Schlangenkönigin bei sich habe.
[Der Zufall wollte es, daß 'Affan Glück hatte, weil er Bulukija kennenlernte, als er »die Bücher Mosis las«; er erfuhr nämlich von ihm, wo die Schlangenkönigin zu finden sei und daß er bereit sei, das beabsichtigte Unternehmen mit ihm durchzuführen. Sie gelangten zu der Insel der Schlangenkönigin und nahmen sie gefangen. Bald danach konnten sie auch mit ihrer Hilfe die Kräuter finden. Dann ließen sie die Königin auf ihrer Insel frei. Nachdem sie aber erfuhr, welche Absichten die beiden noch hatten, sprach sie zu ihnen:]
»Ihr seid weit davon entfernt, daß ihr den Siegelring gewinnen könntet, weil Allah der Erhabene jenen Ring dem König Salomo als

Geschenk verliehen und ihn allein dadurch ausgezeichnet hat, da er zu Ihm sprach: ›O Herr, gib mir ein Königreich, wie es keiner nach mir besitzen soll; denn du bist der Allspender!‹«

[Der darin enthaltene Rat wurde aber nicht befolgt. Nach einiger Zeit, als sie die sieben Meere überquert hatten,] *erblickten sie einen hohen Berg, der gen Himmel emporragte. Der war von grünem Smaragd, sein Erdreich bestand aus lauter Moschus, und ein Quell sprudelte auf ihm. Als sie zu jener Stätte gekommen waren, (...) zogen sie weiter, bis sie zu einem anderen hohen Berg kamen, und auf den kletterten sie empor; da erblickten sie in der Ferne eine Höhle, über der sich eine große Kuppel wölbte, strahlend von Licht. Wie sie diese Höhle erblickten, gingen sie auf sie zu, und als sie dort ankamen, traten sie ein. Da sahen sie in ihr ein goldenes Thronlager stehen, das mit Edelsteinen aller Art besetzt war, und rings darum standen Stühle, deren Zahl nur Allah der Erhabene allein berechnen kann. Auf jenem Thronlager sahen sie unseren Herrn Salomo liegen, angetan mit einem Prachtgewande aus grüner Seide, das mit Gold durchwirkt und mit den kostbarsten Edelsteinen besetzt war; seine rechte Hand lag auf seiner Brust, und der Siegelring war an seinem Finger, und der Stein des Ringes hatte einen so strahlenden Glanz, daß er das Licht aller Juwelen verdunkelte, die in jenem Raume waren.*

[Der Versuch, in den Besitz des Ringes zu gelangen, endete mit dem Tod des 'Affan, wie es die Schlangenkönigin prophezeit hatte. Es begann nun ein apokalyptisches Abenteuer Bulukijas, das einen neuen Teil der romanhaften Geschichte darstellt.]
(III 776–784)

Die Erzählung, eingebettet in die Rahmengeschichte von der Schlangen-königin (III 762–823, IV 7–97), beinhaltet einen umfangreichen apokalyptisch-eschatologischen Roman, dessen Motive und Themen von der berühmten altägyptischen Erzählung des Schiffbrüchigen, die auf das 3. Jahrtausend v. Chr. zurückgeht, bis hin zu den Gralssagen und ihren Geheimnissen reichen. Zwar ist in der altägyptischen Erzählung die Schlange männlich (Altägyptische Märchen, Nr. 1), aber ihr Cha-rakter und ihr insularer Wohnsitz sind denjenigen aus »1001 Nacht« ver-gleichbar. Sie spricht zu dem Gestrandeten:

Wer hat dich gebracht, wer hat dich gebracht,
Bürschlein, wer hat dich (hierher) gebracht?
Wenn du zögerst, mir den zu nennen,
werde ich machen, daß du dich als Asche wiederfindest,
geworden zu etwas, das man nicht sehen kann.

Aber sie errettet ihn und trägt dazu bei, ihn zu erlösen – im Sinne eschatologischer Erfüllung eines altägyptischen Sitzes im Leben. Die damit verbundene Problematik ist umfangreich und vielschichtig und für das Verständnis des sakralen Königtums, auch in der islamischen Welt, nicht ohne Bedeutung. Sie schwingt sogar unter den Abbasiden mit, wenn man die Idee des *al-Mahdi* (der Geleitete) heranzieht. Er ist derjenige, der unter göttlicher Leitung steht, also als »Auserwählter Gottes« mit charismatischen Gaben begnadet ist. In diesem Sinne scheinen sich auch die ersten vier Kalifen verstanden zu haben; sie folgten dem rechten Weg und glaubten daran, von Gott geleitet worden zu sein. Manchmal wirkt sich hier eine eschatologische Sicht aus, die auch im Spätislam (al-Mahdi-Aufstand im Sudan 1880) und bei den Schiiten zu finden ist. Al-Mahdi wird als der Erneuerer des Glaubens (das heißt des Islam) und als von Gott geleiteter Weltherrscher erscheinen. Einige sprechen sogar von einer »Herabkunft« (arab. *nuzul*), was unbewußt an vorislamische mythische Vorstellungen von aus dem Himmel herabgekommenen Göttern anzuknüpfen scheint.

Um das Phänomen des Mahdismus zu fassen, kann man auf die Auffassung des islamischen Gelehrten Ibn Khaldun († 1406) über den Glauben an al-Mahdi verweisen:

Ein Abschnitt über den Abkömmling Fatimas und was die Leute von ihm glauben und über die Aufklärung des Dunkels in dieser Sache. Es ist allgemein angenommen unter den Massen des islamischen Volkes, daß am Ende der Zeiten unbedingt ein Mann aus der Familie Muhammads erscheinen muß, der dem Glauben aufhelfen und die Gerechtigkeit zum Siege führen wird; daß die Muslime ihm anhängen werden und daß er über die islamischen Königreiche herrschen und al-Mahdi heißen wird. Die Erscheinung al-Dadschdschals (Satans) und der übrigen Vorzeichen des letzten Tages, die in zu-

verlässiger Tradition niedergelegt sind, wird nach ihm sich ein-
stellen. Nach seiner Erscheinung wird 'Isa (Jesus) herabsteigen und
al-Dadschdschal töten, oder er wird zugleich mit dem Mahdi herab-
steigen und ihn bei dieser Tötung unterstützen; und im Gottesdienst
wird 'Isa dem Mahdi als seinem Imam folgen.

Zur Stützung dieser Ansicht werden Traditionen herangezogen, die
einige Autoritäten auf dem Gebiet der Tradition bejaht, andere aber
bestritten und häufig durch andere Erzählungen ersetzt haben. Die
späteren Sufis haben einen andern Weg und eine andere Prüfungs-
methode für diesen Nachkommen Fatimas eingeschlagen und suchen
eine Stütze in dem mystischen »Entschleiern«, das die Grundlage
ihrer Methode ist. (Mukaddima II 158ff.)

Daß uns hier die islamische Vorstellung von einem verborgenen Heilbringer begegnet, läßt sich, unabhängig von den unterschiedlichen
Traditionen und Ansichten, die in einigen Details nicht deckungsgleich
sind, kaum leugnen. Dabei gewinnt die Gestalt des dämonischen Wesens
al-Dadschdschal besondere Bedeutung, denn dieses und ihm verwandte
Wesen bestimmen das ganze Geschehen in »1001 Nacht«. Es stammt aus
der nicht-koranischen Tradition und wird als eschatologischer Herrscher, der gegen das Gottesvolk auftritt, und als »Feind Gottes« begriffen.
Ob er mit Satan gleichzusetzen ist, scheint strittig zu sein, obwohl vieles
dafür spricht und auch auf gewisse christlich-gnostische und jüdische
Vorstellungen hinweist. In der langen »Geschichte von 'Adschib und
Gharib« (IV 432–616) tritt Dadschdschal in verschiedenen Gestalten auf
und bewohnt eine sonderbare Insel, an der auch Sindbad der Seefahrer
gestrandet sein soll. Daß Dadschdschal manchmal mit Juden und
Christen in Verbindung gebracht wird, ist nicht erstaunlich, wenn man
Konfliktsituationen zwischen den Anhängern der Buchreligionen in
die Überlegungen einbezieht.

Aus dieser Tradition – einerseits des Mahdismus, andererseits der
ständigen Notwendigkeit, den Abfall vom Glauben zu bekämpfen –
ergibt sich das Bild der falschen bzw. betrügerischen Könige. Auch sie
fanden Eingang in die Erzählungen aus »1001 Nacht«:

Jener Barkan war der Herr der Karneolstadt und des Goldenen
Schlosses, und er herrschte über fünf Festen, von denen eine jede

Die tanzenden Dämonen, die in einer unüberschaubaren Zahl die Geschichten aus
»1001 Nacht« bevölkern, gehen möglicherweise auf manichäisch geprägte Vorstellungen zurück, die noch in späteren, heute im Topkaiserai (H. 2153)
erhaltenen Miniaturen nachvollziehbar sind (zugeschrieben der Schule von Tabriz,
ca. 1480).

*fünfhunderttausend Marids barg; sein und seines Volkes Dienst
war dem Feuer geweiht statt dem König der Herrlichkeit. Dieser
König war ein Vetter von Mar'asch; und unter dem Volke des
Mar'asch war ein ungläubiger Marid, der heuchlerisch den Islam
angenommen hatte, dann aber aus seinem Stamm verschwunden
war. Er war dahingezogen, bis er zum Karneoltal kam, und dort
war er zum Schlosse des Königs Barkan gegangen, hatte den Boden
vor ihm geküßt und ihm dauernden Ruhm und Wohlstand ge-
wünscht. Dann berichtete er ihm, daß Mar'asch den Islam angenommen habe. Barkan fragte: »Wie kam er dazu, seinen Glauben
aufzugeben?« Und jener erzählte ihm alles, was geschehen war.
Wie Barkan das hörte, begann er zu hauchen und zu fauchen
und Schmähworte gegen Sonne und Mond zu gebrauchen, und
auch gegen Feuer, aus dem die Funken auftauchen. Und er rief:
»Bei meinem Glauben, ich will den Sohn meines Oheims und sein
Volk und diesen Sterblichen umbringen und keinen von ihnen
am Leben lassen.« Dann berief er die Scharen der Geister und
wählte aus ihnen siebenzigtausend Marids aus; mit denen zog er
dahin, bis er bei der Stadt Dschabarsa (eine mythologische Stadt)
ankam.*

Schlachtenszenen haben auch Bezug zu einer großer Zahl von Buchmalereien, die besonders in Persien und später auch unter den Moguln in Indien häufig sind.

[Es kam zur Belagerung der Stadt und einem listigen Versuch, Mar'asch gefangenzunehmen, was Barkan auch vorläufig gelang. Mar'asch war aber mit Gharib, dem König von Irak, verbunden, der ihm auf einem Zauberpferd an der Spitze von Kriegerscharen von Geistern zu Hilfe eilte. So kam es zu einem grausamen Schlachtgemetzel.]

Gharib aber schwang das Schwert hin und her, bis die Sinne der feindlichen Dämonen sich verwirrten. Dann rief er: »Allah ist der Größte! Ich bin König Gharib, der König von Irak, es gibt keinen anderen Glauben als den Glauben Abrahams, des Gottesfreundes!«
Als Barkan diese Worte aus dem Munde Gharibs vernommen hatte, rief er: »Der ist es, der den Glauben meines Vetters verändert und ihn abtrünnig gemacht hat. Aber, bei meinem Glauben, ich will mich nicht eher wieder auf meinem Thron setzen, als bis ich Gharib den Kopf abgeschlagen und ihm den Odem erstickt und meinen Vetter und sein Volk zu ihrem Glauben zurückgeführt habe. Und wer sich mir widersetzt, den bringe ich um!«

[Gharib ging siegreich aus der Schlacht hervor, »und Barkan fiel nieder gleich einer langstämmigen Palme.«]

Doch als Barkans Leute ihren König so erblickten, stürmten sie hervor und wollten ihn befreien. Nun wandten Gharib und mit ihm die gläubigen Geister sich wieder gegen jene. Wie herrlich focht da Gharib! Wie gefiel er dem Herrn, der die Gebete erhört, und stillte die Rache mit dem Talismanschwert! Jeden, den er traf, spaltete er; und ehe dessen Seele noch entweichen konnte, war er im Feuer zu

einem Häuflein Asche verbrannt. (...) Dann fiel er (der bereits
befreite Mar'asch) mit Gharib über den Feind her; beide sausten auf
ihren Rossen durch die Luft dahin, ihre Mannen eilten hinter ihnen
her, und beide riefen: »Allah ist der Größte! Allah ist der Größte!«
Und ihr Ruf erdröhnte, bis er von Tiefland und Bergen, Tälern und
Hügeln wieder ertönte. Und erst, nachdem sie eine Menge der Feinde,
mehr als dreißigtausend Marids und Satane getötet hatten, ließen sie
von der Verfolgung ab. (IV 544–550)

Hier vermischt sich die Volkstradition, die einem charismatischen Herrscher huldigt, ihn erwartet beziehungsweise voll Sehnsucht nach ihm
Ausschau hält, mit Vorstellungen, die offiziell getragen und pro-
pagandistisch aufgebaut werden. Der »böse« steht gegen den »guten«
Herrscher, wobei letzterer meist derjenige ist, der die Macht des alleinigen Gottes Allah erkannt hat, ersterer derjenige, der sich mit
Dämonen vereint und vom Glauben abfällt. Deshalb findet sich in der
ältesten Schicht von »1001 Nacht« das ständige Bemühen der abbasidischen Kalifen, im Sinne des Islam im besten Licht zu erscheinen. Die
Kalifen aus »1001 Nacht« entsprechen allen nur erdenklichen Vorstellungen eines guten und spendablen Herrschers, der von Gott, dem er
huldigt, auserwählt ist.

Diese immerwährende Huldigung Allahs manifestierte sich beim
historischen Harun er-Raschid in seinen vielen Pilgerschaften zur
Ka'aba. Grundsätzlich formulierte aber erst sein Sohn al-Ma'mun
(813–833) das politisch-religiöse Manifest, das als Quintessenz die abbasidische Auffassung von Gott, der Welt und den Menschen, die er als
Kalif zu leiten hat, beinhaltet. Diese Manifest, das die Macht des Aus-
erwählten zu konstituieren versuchte, hob die Sonderfunktion des
Kalifen hervor, der zugleich der »Imam der Rechtleitung« und Garant der
segensreichen göttlichen Ordnung, das heißt der Religion, die die Propheten den Menschen geschenkt hatten, war. Adam war der erste und
Muhammed der letzte Prophet, mit dem Gott seine Ordnung vollendet
hat: »Heute habe ich euch eure Religion vervollständigt und meine
Gnade an euch vollendet, und bin damit zufrieden, daß ihr den Islam als
Religion habt!« (Sure 5:3) Zur Aufrechterhaltung einer so vollendeten
Ordnung bedarf die *umma* (die Gemeinschaft der Gläubigen, das heißt
die Muslime) der Imame, weil der Durchschnittsmensch nicht in der

Hadsch, eines von den fünf Pflichtgeboten des Islam: die Pilgerschaft nach Mekka.

Lage ist, die erforderlichen Maßnahmen zu ersinnen. Deshalb hat Gott die Anführer kenntlich gemacht, sie mit seiner Gnade und Auserwählung über andere gestellt. Al-Ma'mun macht das deutlich, wenn er feststellt: »Wisset, daß der Befehlshaber der Gläubigen sich gerade bei euch so sehr darum kümmert, euch zu bilden und an guter Sitte und lobenswertem Lebenswandel auszurichten, wie sonst bei niemandem! Denn wenn der (Kalif) es sich zur Pflicht macht, die Untertanen in einen besseren Zustand zu versetzen und sie zu einem Betragen zu veranlassen, in dem Vernunft und Wohlgeordnetheit deutlich werden, zumal (der Kalif) gehalten ist, der Elite besondere Aufmerksamkeit zuzuwenden und dann den anderen der Reihe nach, so liegt mannigfacher Schaden darin, euch nicht zuallererst zu erziehen und sich eurer nicht zuvörderst anzunehmen.« (N A G E L, Staat, I 173)

Damit wird die Aristokratie durch den von Gott geleiteten Kalifen geführt, der zugleich Imam ist und die Zustimmung Gottes für sein alleiniges Handeln hat, für das er nur Gott verantwortlich ist und das

Der Sultan – ein Titel, der nach dem Untergang der Abbasiden zur typischen
Bezeichnung der Herrschenden wurde – trägt hier in der Vorstellung von René Bull
deutliche Merkmale der mamelukischen Sultane mit Schutzgarden und Eunuchen.
Wie üblich vermischte Bull in seinen Illustrationen das Groteske mit dem Orientalischen in seiner Art-deco-Verkleidung.

niemand in Frage stellen darf. Hier entfaltet sich die aus den hellenistischen Herrschaftsvisionen aufgebaute heilige Macht derer, die von
Gott dazu bestimmt wurden beziehungsweise früher den Göttern gleich
waren. Al-Ma'mun und seine Nachfolger Mu'tasim (833–842) und al-
Watiq (842–847) waren sich ihrer göttlichen Legitimität bewußt, sie
gingen aber nicht soweit, sich mit den göttlichen Herrschervorbildern
der heidnischen Vergangenheit gleichzusetzen. Statt dessen hat al-
Ma'mun eine eigene islamische Konzeption einer fast sakralen Macht geschaffen, indem er festlegte, daß er von Gott selber – ohne von

Muhammad darum gebeten worden zu sein – zum Träger inspirierter Führerschaft bestimmt worden sei, und daß er allein aus Gottesgnade wisse, wie er die Untertanen zu behandeln habe. Der Kalif ist damit Glied einer Kette, die seit dem Tod Muhammads nicht mehr abgerissen ist. »Der Fürst der Gläubigen bittet Gott, daß er (...) euch schützen möge vor der List der Ungläubigen und daß er den Fürsten der Gläubigen in euerer Mitte so vortrefflich bewahre, wie irgend nur ein ›Imam der Rechtleitung‹ inmitten seiner Vertrauten und seiner Anhängerschaft bewahrt werden kann!« (NAGEL, Staat, I 176f.)

Diese Unantastbarkeit des Kalifen, seine Auserwähltheit und Erhabenheit haben die notwendige Grundlage für eine Art islamische Inquisition geschaffen, die erst der Kalif al-Mutawakkil (847–861) aufgehoben hat, weil er erkannte, daß eine kalifische Lehrautorität in Fragen der gottgewollten Ordnung auf Dauer nicht durchsetzbar war. Das war der Todesstoß für das abbasidische Kalifat. »Zwar blieb der Kalif«, wie der Kenner der Materie, Tilman Nagel, zu Recht betont, »von nun an in der Theorie der Garant der auf Erden wirksam gewordenen göttlichen Ordnung, die Zuständigkeit für die praktische Auslegung dieser Ordnung war ihm jedoch entglitten.« (NAGEL, Staat, I 180) Das Kalifat mündete schließlich in eine marionettenhafte Institution, die fremden Usurpatoren die Legitimität der Macht über die *umma* zu verleihen suchte, so etwa unter den Mamlukensultanen in Ägypten.

In vielen Erzählungen aus »1001 Nacht« wird dieser Auserwähltheit und Besonderheit des Kalifenamtes Rechnung getragen, obwohl auch andere Arten des Herrschertums angesprochen werden, wie zum Beispiel die der Sultane; aber auch hier lassen sich deutliche Spuren der Sakralisierung erkennen, weil sich der Sultanstitel auf die Inhaber der von Gott verliehenen Herrschervollmacht bezieht.

Man berichtet – doch Allah kennt alle seine Geheimnisse am besten –, daß einst in den Landen, deren Hauptstadt Kairo war, ein König aus dem Türkenstamm herrschte, einer von den tapferen Fürsten und vortrefflichen Sultanen, die für den Islam die Länder bezwangen und die Strandfesten und die Burgen der Christen niederrangen; sein Name war el-Malik ez-Zahir Rukn ed-Din Baibars el-Bundukdari. (IV 776)

So wird die Erzählung – die schon einer jüngeren Schicht von »1001 Nacht« angehört und das ägyptische Kolorit der Mamlukenzeit vermittelt – von dem Mamlukensultan Baibars (1260–1277) und »den sechzehn Wachthauptleuten« eröffnet (IV 776–829). Sie erlaubt, in eine Welt hineinzuschauen, die anders geworden ist, als die der großen Kalifen jemals gewesen war. In Ägypten offenbarte sich die immer umfangreicher werdende administrative und soziale Struktur der neuen Herrschaft, deren Spuren bis in die gegenwärtige Geschichte Kairos reichen. Man kann hierzu den Geschichten Gérard de Nervals (1808–1855) lauschen, um sich in die Welt der Sultane zu versetzen.

Der Überblick über die zentralen Vorstellungen von den verschiedenen Herrschergestalten, die in »1001 Nacht« vorkommen, liefert Ansätze zu einer islamischen Staatstheorie, die zwar oft rätselhaft und unerklärlich erscheint, aber bei näherem Betrachten gut die Mentalität sowohl der Herrscher als auch der Beherrschten wiedergibt. So wie es im Islam – nicht nur dem damaligen – kaum möglich ist, das Religiöse vom Weltlichen zu trennen, so spielt auch in den orientalisch-islamischen Märchen und Erzählungen die Religion, das heißt die göttliche Ordnung, eine unverzichtbare Rolle, ohne die das Schicksalhafte, von Gott, dem Schöpfer alles Bestehenden, Gegebene niemals richtig verstanden werden kann. Einzutauchen in die Welt aus »1001 Nacht« bedeutet deshalb, sich mit Vorstellungen auseinandersetzen zu müssen, die Numinoses und Verborgenes offenbaren können – aber nur, wenn man bereit ist, der inneren Logik des Zauberhaften zu folgen.

V. *STUPOR MUNDI* – ORIENT UND OKZIDENT BEGEGNEN SICH AUF SIZILIEN

O Gott, himmlischer Vater, in dir ist alle Heiligkeit und Macht und Herrlichkeit und aller Segen! Die Spielmannskunst, mein Herr, entstand zu deinem Preis und Ruhme. Dafür erfand man Instrumente, fand Verse und die Weisen neuer Strophen: alles zu deiner Freude. Doch heute sehen wir ja, Herr, die Spielmannskunst im Niedergang. Denn deren Beruf es ist, Instrumente zu spielen, zu tanzen und zu dichten, sie schmieden nur noch Verse und singen von Lust und Eitelkeiten dieser Welt.

O du wahrer Herr und Gott (...), wolle doch bitte wieder Spielleute sehen, die auf Plätzen und an den Höfen der Fürsten und Edelleute Wahrheit künden. Wenn solche Spielleute durch die Welt ziehen, mein Herr, so wären es echte Spielleute, die loben, was zu loben ist, und tadeln, was zu tadeln. Da aber die Zuhörer ihre Fehler nicht vorgehalten haben wollen, sondern gerade für die größten auch noch Lob erwarten, gibt es so wenige wahrhaftige Spielleute und so viele Lügner. (RAMON LLULL, 42)

Wenn man von islamischer Kultur und Zivilisation spricht, denkt man nicht an Meer und Schiffahrt, auch nicht an König David und sein Abbild in der Reichskrone der deutschen Kaiser, aber seit Beginn der islamischen, über Jahrhunderte andauernden Expansion im Mittelmeerraum gehörten die Schiffahrt und die Beherrschung des Meeres zu den Voraussetzungen für den Erfolg der Araber. Sie wurden darin zum Meister, was sich auch in der aus dem Arabischen stammenden und noch heute gebräuchlichen Bezeichnung »Admiral« niedergeschlagen hat. Auch die koranische Metapher der großen Kalifen begründete ihren theokratischen Machtanspruch entsprechend dem Vorbild des Königs David. Sie beriefen sich dabei auf den Koran (Sure 35:8), so wie die christlichen Herrscher auf die Bibel. So stand die davidisch-salomonische Tradition den mittelalterlichen Vorstellungen vom deutsch-römischen Kaisertum, aber auch dem Kalifat Pate. Man begegnet damit zwei

König David aus der Reichskrone der deutsch-römischen Kaiser (Wien).

Aspekten, die sich aus der ununterbrochenen Konfrontation zwischen Ost und West, einem ständigen Austausch von Gütern, aber auch von Ideen entwickelt hatten und die durch sie geprägt waren. Sie haben über die gemeinsamen Quellen des Morgen- und Abendlandes entschieden.

Die Mittelmeerinsel Sizilien, die schon 652 von einer arabischen Flotte mit zweihundert Schiffen angegriffen worden war, ist in vielerlei Hinsicht Symbol für diesen Austausch und die gemeinsamen Quellen geworden. Im 13. Jahrhundert wurde diese Insel zur geliebten Heimat des größten deutschen Kaisers, des Staufers Friedrich II. (1194–1250), der dort residierte. In dieser Epoche verband sich wie in keiner anderen das Orientalische mit dem Abendländischen. Deshalb nimmt es nicht wunder, daß aus dieser Zeit zahlreiche Spuren in den Erzählungen aus »1001 Nacht« erhalten geblieben sind.

Träger der Überlieferungen waren die Spielmänner, unter denen der große Katalane Ramon Llull (1232–1316) besonders bedeutend war. Sie wanderten durch die Länder des Mittelmeeres und trugen an Höfen und auf Märkten Geschichten zur Erbauung, zum Zeitvertreib und zur Freude der Zuhörer vor. Ihre Kunst erinnert sowohl an die alten Leierspieler homerischer Prägung als auch an die vielen Vagabunden, die zwischen Karawansereien, Jahrmärkten, aber auch den Höfen des Adels und der Herrscher pendelten, ihre Geschichten erzählten und Lieder sangen über all das, was sie gesehen und gehört hatten. Die von ihnen gepflegte und weiter verbreitete mündliche Literatur ist für das Mittelalter bestimmend geworden. Aus ihr entnahmen Troubadoure, Minnesänger und große Dichter zwischen Sizilien und England, zwischen dem maurischen Andalusien und den Ritterburgen im zum Christentum bekehrten Osten ihre Themen.

Ihre Worte und Verse wurden aufgeschrieben und bis heute aufbewahrt. In der Zeit des langsam zu Ende gehenden Mittelalters zeichnete sie der englische Edelmann Geoffrey Chaucer (um 1340–1400) nach Art der unendlichen, immer wieder in andere übergehenden Geschichten von »1001 Nacht« auf:

Nun haltet wieder euren Mund,
Ihr Herrn und Damen hier im Rund,
Und hört, was ich berichte;
Von Rittertum, von Kampf und Streit,
Von Minnedienst und Höfischkeit
Vermeldet die Geschichte.

Man rühmt die Lieder von Bevis,
Von Junker Horn und Ypotys,
Von Sir Guys Heldentume,
Von Sir Libeus und Plein d'amour
– Doch trägt allein Herr Thopas nur
Des Rittertumes Blume!

Sein gutes Streitroß er nun ritt,
Und fort auf seinem Wege glitt
Wie Funken aus dem Brande;
Sein Helmschmuck war und Wappenknauf
Ein Turm mit einer Lilie drauf
– Gott schütze ihn vor Schande!

Als fahrender Ritter zog er aus,
Drum schlief er auch in keinem Haus,
Lag nur in seiner Haube;
Sein Helm das Kissen ihm vertrat,
Derweil sein Roß sich gütlich tat
An schönem Gras und Laube.

Er trank nur Wasser aus dem Quell,
Wie vor ihm tat Herr Percivell,
So würdig im Gewande,
Bis eines Tags ...

»Nicht mehr von diesem Zeug«, rief unser Wirt,
»Um Gottes Gnade willen, denn mir wird
Schon übel von der vielen Leierei,
So wahr Gott meiner Seele stehe bei;
Dein dummes Reden macht mir Ohrenschmerzen.
Mag Satan doch mit solchen Versen scherzen!
Das nenn ich Knüttelverse«, sprach der Wirt.
»Wieso?« sprach ich, »darf ich denn unbeirrt
Nicht forterzählen, wie sonst jedermann,
Da dies der beste Vers ist, den ich kann?«
»Bei Gott«, sprach er, »ganz schlicht heraus erklärt,
Nicht einen Dreck ist dein Gereime wert!
Du tust nichts, als daß du die Zeit verschwendest;
Drum sei's, daß du die Reimerei beendest.
Kannst du nichts aus der Heldensage wählen
Und wenigstens in Prosa was erzählen,
Das gute Lehre oder Spaß enthält?«
»Bei Gottes Pein, recht gern, wenn's euch gefällt!
Ich will in Prosa eine Kleinigkeit
Erzählen; wenn nicht gar zu streng ihr seid,
So denk ich, ist sie wohl nach eurem Sinn.
Es ist viel Tugend und Moral darin,
Obwohl, wie ich euch gar nicht will verhehlen,
Sie andere in andrer Art erzählen.
So sagt von Christi Leiden, wie ihr wißt,
Auch nicht ein jeglicher Evangelist
Genau dasselbe, was der andre spricht;
Und doch ist wahr ein jeglicher Bericht,
Und alle stimmen schließlich überein,
Mag auch verschieden die Erzählung sein,
Da einige mehr und andre weniger sagen,
Wenn sie sein schmerzensreiches Leiden klagen.

Doch stimmen, wie man nicht bezweifeln kann,
Matthäus, Markus, Lukas und Johann
Ganz überein. Drum bitt ich euch, ihr Herrn,
Wenn meine Rede anders scheint, sofern
Ich mit Sprichwörtern sie ein wenig mehr
Versehen habe, die ihr wohl vorher
In diesem kleinen Aufsatz nicht bemerkt,
Wodurch des Stoffes Wirkung ich verstärkt,
Und sollt ich nicht dieselben Worte sagen,
So bitte ich mich deshalb nicht anzuklagen.
Ihr werdet finden, daß, soweit's den Sinn
Betrifft, ich überall in Einklang bin
Mit dem, was das Trakttätchen euch berichtet,
Nach dem ich dieses lustige Stück gedichtet.
So bitt ich euch denn, mich jetzt anzuhören
Und mich in der Erzählung nicht zu stören.« (CHAUCER, 398ff.)

Seit dem 7. Jahrhundert gehörten islamische Angriffe im Mittelmeerraum zum Alltag. Klöster, Kirchen, Dörfer und kleine Städte
wurden geplündert, Menschen als Sklaven entführt, die auf orientalischen Märkten zum Verkauf kamen. Die Gründung von Tunis (695)
stärkte die Stellung der Muslime im Mittelmeerraum, dessen Insel-
welt über Jahrhunderte zum Schauplatz ständiger Auseinandersetzungen zwischen Franken, Byzantinern und Arabern wurde. Bald
schon gehörte der Nordteil von Afrika zwischen dem heutigen Libyen
und Marokko und wenig später auch die Iberische Halbinsel zum Herr-
schaftsgebiet der Muslime. Immer stärker wurde das Mittelmeer von
islamischen Flottenverbänden dominiert; oft konnte man kaum
unterscheiden, ob es sich bei den Überfällen um Piraterie oder reguläre
militärische Angriffe handelte. So wurde die Geschichte des Mittelmeerraumes bis ins 16. Jahrhundert von den ständigen Auseinandersetzungen mit den muslimischen Eroberern und der Bedrohung durch
sie geprägt. Erst nach der Schlacht bei Lepanto 1571 wendete sich das
Blatt.

Der westliche Teil der strategisch wichtigen Insel Sizilien wurde 831
von den Arabern erobert, Palermo wurde zum wichtigsten Zentrum
der Araber im Mittelmeerraum – wobei nicht vergessen werden darf,

daß der berberische Anteil unter den Eroberern klein war. Schon aus dieser ersten Eroberungsphase finden sich Reminiszenzen in den Geschichten aus »1001 Nacht«. Sie erzählen von Marjam der Gürtlerin (V 624–757):

> *Nun begab es sich in einem der Jahre, daß sie (das heißt Marjam) in eine schwere Krankheit verfiel und dem Tode nahe war. Da tat sie ein Gelübde, sie wolle, wenn sie von dieser Krankheit geheilt würde, eine Pilgerschaft zu dem und dem Kloster machen, das auf der und der Insel lag. Jenes Kloster stand nämlich bei den Franken in hohen Ehren, und sie brachten ihm Gelübde dar und erhofften Segen von ihm. Als darauf Marjam von ihrer Krankheit genas, wollte sie das Gelübde, das sie für sich jenem Kloster dargebracht hatte, zur Tat machen. Da entsandte ihr Vater, der König der Franken, sie auf einem kleinen Schiffe zu dem Kloster; auch sandte er einige von den Töchtern der Vornehmen seiner Hauptstadt mit ihr sowie einige Ritter, die ihr zu Diensten sein sollten. Doch gerade als sie sich dem Kloster näherten, kam des Wegs ein Schiff der Muslime, der Glaubensstreiter auf dem Wege Allahs; die raubten alles, was sich auf jenem Schiffe befand, Ritter und Jungfrauen, Schätze und Kostbarkeiten. Und sie verkauften ihre Beute in der Stadt Kairawan.*
> (V 691)

In diesem Bericht spiegeln sich historisch nachprüfbare Ereignisse wider, die mit der Expansion der Aglabiden zusammenhängen, die seit 670 ihr Machtzentrum in Kairuan (Kairawan) hatten und die auch versucht hatten, Sizilien zu unterwerfen. Auch andere Geschichten aus »1001 Nacht« lassen sich zeitlich und geographisch noch einordnen, obwohl das Gros der gesammelten Einzelerzählungen im Laufe der Zeit zu einem »Patchwork« vernetzt worden ist.

Die westlich-arabische Orientierung Siziliens führte dazu, daß der westliche Teil der Insel mit Palermo fast zweihundert Jahre unter islamischer Herrschaft stand. Dennoch blieb die Mehrheit der Bevölkerung auf der Insel christlich beziehungsweise jüdisch, sie mußte jedoch den Muslimen Tribut zahlen. In dieser Zeit wurde Sizilien immer wieder verwüstet, seine damals noch großen Wälder wurden systematisch abgeholzt und ausgebeutet. Andererseits blühten aber auch neue Wirtschaftszweige auf, die die Araber eingeführt hatten, zum Beispiel die Produktion von Seide. Der arabisch-orientalische Einfluß war in vielen Bereichen beachtlich, ihm unterlag die gesamte Verwaltung, die offizielle Sprache war Arabisch. Noch 1060 wurde sie unter den Normannen auf Sizilien weiter benutzt. Auch Friedrich II. beherrschte das Arabische fließend, das auch an seinem Hof – neben anderen Sprachen – gesprochen wurde. Das spricht dafür, daß damals dort auch noch eine mündliche arabische Literatur gepflegt wurde, deren Spuren sich bis heute in sizilianischen Volksmärchen erhalten haben. In dieser Hinsicht ist die Forschung jedoch lückenhaft beziehungsweise ist man nicht interessiert daran, nach orientalischen Quellen dieser Märchen zu suchen.

Die Tatsache, daß Giovanni Boccaccio (1313–1375), der lange Zeit in Neapel gelebt hatte, wo die Kontakte zur islamischen Welt lebendig waren, in seine Novellensammlung »Decamerone« orientalische Motive aufgenommen hat, spricht dafür, daß noch zu seiner Zeit solche mündlichen Traditionen in Süditalien und Sizilien lebendig waren. Schon der äußere Rahmen der hundert – auf zehn Tage verteilten – Novellen erinnert an »1001 Nacht«, aber auch ihre prickelnde Erotik. Als Beispiel sei auf die vierte Novelle des vierten Tages hingewiesen. Hier wird erzählt, daß sich Gerbino, der Enkel des Königs von Sizilien, in die Tochter des Königs von Tunis verliebte.

> *Bis sich nun eine schickliche Gelegenheit bieten würde, um von seinem Großvater die Erlaubnis zu erhalten, nach Tunis zu reisen und sie zu sehen, trug er einem jeden seiner Freunde, der dahin reiste, auf, daß er, so gut er könne, seine große heimliche Liebe zu ihr auf irgendeine Art ihr bemerklich mache und Geschichten von ihm erzähle. Einer von diesen verfuhr hier auf das scharfsinnigste; er brachte ihr, wie die Kaufleute zu tun pflegen, Frauenschmuck zur Ansicht; dabei entdeckte er ihr ganz die Liebe Gerbinos und stellte sich und sein Eigentum zu ihrer Verfügung (...)* (BOCCACCIO, 491)

Diese Szene wurde im 19. Jahrhundert von Louis Chalon in seiner Illustration zur englischen Ausgabe vom »Decamerone« orientalisierend dargestellt (siehe S. 109).

Schließlich wurden jedoch die Hinterlassenschaften der arabischen Epoche auf Sizilien durch normannische und dann staufische Einflüsse

Die im orientalischen Stil gehaltenen Szenen zu den Novellen von Boccaccios »Decamerone« von Louis Chalon verraten die europäische Faszination durch die Alhambra (im Hintergrund) als Ort, in dem sich die Haremsszenen aus »1001 Nacht« sehr gut vorstellen ließen.

überlagert. Trotzdem scheint auch Orientalisches überdauert zu haben. 1060 war der Normanne Roger I. bei Messina auf Sizilien gelandet und hatte in lange andauernden Kämpfen die Araber als Herren der Insel vertrieben. Er war jedoch nicht abgeneigt, arabisch-berberische Söldner seiner Armee einzugliedern, weil die Normannen nur einen geringen Anteil an der Bevölkerung Siziliens ausmachten. In ihrer Pragmatik und ungewöhnlichen Anpassungsfähigkeit erinnern sie in gewissem Sinne an ihre arabischen Vorgänger, die sich der nicht-muslimischen Mehrheit gegenüber ähnlich verhalten hatten wie die neuen Machthaber nunmehr gegenüber den Andersgläubigen. Die Situation ver-

änderte sich allerdings im Zuge der allgemeinen Stimmung und geistigen Haltung, die die bald darauf beginnenden Kreuzzüge prägen sollten. Trotzdem versuchte Roger I., durch friedenssichernde Maßnahmen kriegerische Auseinandersetzungen mit den islamischen (damals fatimidischen) Herrschern zu vermeiden. Handel und kultureller Austausch waren rege, um so mehr als die Bevölkerung der Insel – neben den Normannen – sich sowohl aus Griechen, Juden, Sarazenen (wie man im Mittelalter die Araber bezeichnete) als auch aus Lateinern zusammensetzte. Interessanterweise wird Roger I. schon auf einer seiner ersten Münzen (aus Agrigent) als *imam* und *malik* (König) bezeichnet.

Nach seinem Tod übernahm seine Gattin Adelheid die Regentschaft (bis 1112); sie verlagerte das Machtzentrum nach Palermo, wo der Anteil an Muslimen in der Bevölkerung groß war. Es herrschten wirre, unruhige, aber auch kulturträchtige Zeiten. Die Kunde von Sizilien und dem Orient fand sogar Zugang in das isländische Königsbuch Snorri Sturlusons (um 1220), was erlaubt anzunehmen, daß sich in der Zeit der Kreuzzüge (1096–1291) viele Motive aus »1001 Nacht« allgemein ausbreiten konnten und schon damals in die europäischen Volksmärchen aufgenommen wurden.

Roger II. (1130–1154) wuchs in einer – wie man heute sagen würde – »multikulturellen Gesellschaft« auf. Seine Mutter, um deren Hand sich Balduin I., König von Jerusalem, beworben hatte, vermählte sich mit diesem in der Hoffnung, ihren Sohn auf dessen Thron bringen zu können. Dies gelang jedoch nicht. Die Intrigen im Heiligen Land gingen so weit, daß Adelheid schließlich verstoßen wurde und nach Sizilien zurückkehren mußte, wo sie 1118 starb. Roger II. vergaß diesen Affront niemals. Immerhin erhob er als Sohn einer Königin Anspruch auf diesen Titel. Er hielt sich von Kreuzrittern fern und engagierte sich in der Politik des südlichen und westlichen Mittelmeerraumes, indem er mit den Anliegern Friedensverträge schloß, unter anderem mit dem Emir al-Aziz (vor 1114). Seine Kontakte zu den islamischen Machthabern wurden durch das Wirken Georgs von Antiochia erleichtert, eines syrischen Christen, der im Dienst muslimischer Herrscher gestanden hatte und später die Afrikapolitik Rogers II. lenkte. Handelsniederlassungen der Sizilianer waren auf afrikanischem Boden unter islamischer Hoheit sicher, auch wenn man auf Sizilien selbst und in Kalabrien, das ebenfalls zum Herrschaftsbereich Rogers II. gehörte, immer wieder Plünderungen und Angriffen von Piraten ausgesetzt war. Roger II. intervenierte dagegen 1123 mit einer Expedition gegen die Almoraviden, die jedoch erfolglos blieb. Die Muslime jubelten: »Der Fürst von Sizilien hat einen riesigen Irrtum begangen, wenn er dachte, es sei einfach, die Majestät des Islams zu beleidigen.« Die muslimischen Seeräuber wüteten weiter, trennten sie doch von ihren sicheren Ausgangshäfen in Tunesien nur 150 Kilometer, so daß sie immer wieder aufbrachen, um das Reich Rogers II. zu schwächen.

Auch während der feindlichen und kriegerischen Auseinandersetzungen gab es dennoch friedliche Kontakte verschiedenster Art. Der Sklavenhandel blühte und mit ihm der Austausch von Menschen und Gedanken. Die Besatzungen der Handelschiffe, aber auch Insassen von Gefängnissen waren Träger mündlicher Traditionen, was nicht ver-

Die berühmte Ebsdorfer Weltkarte aus dem 13. Jahrhundert (etwa 3,6 m im Durchmesser) mit dem Orient in der Mitte als Weltachse spiegelt die in der Zeit der
Kreuzzüge dominierende Weltanschauung wider.

gessen werden darf, wenn man nach den Wegen fragt, auf denen sich
geistige Einflüsse verbreiteten.

Trotz seiner Mißerfolge in Afrika expandierte Roger II. in Süditalien,
das er mit seinem Reich politisch vereinigte. 1139 erhielt er mit dem
Segen des Metropolitanbischofs die Königswürde: »(...) so wie einst
Samuel David zum König salbte, damit Du gesegnet seiest und zum
König eingesetzt über das Volk, das Dein Herrgott Dir zur Herrschaft und
Leitung gegeben hat«. Bald erlaubte die politische Konstellation, daß
Roger II. die wichtige Insel Dscherba eroberte (1135) und gute
Beziehungen zu Ägypten unterhalten konnte. Auch Nordafrika geriet
unter seinen Einfluß: 1143 konnte er Tunis einnehmen, und er brachte

eine Küstenstadt nach der anderen unter seine Herrschaft. Die tolerante und milde Behandlung, die er der Bevölkerung angedeihen ließ, und deren Autonomieverwaltung in den arabischsprechenden Städten brachten Roger II. Sympathien und Erfolge in der islamischen Welt ein. Die Byzantiner, aber auch die Kreuzritter beobachteten den Aufstieg Rogers mit Argwohn, insbesondere nachdem er 1147 auch Korfu erobert hatte.

Der Aufstieg der Normannen läßt das Umfeld erkennen, in dem ein ständiger kultureller Diskurs stattfand. Roger II. unterstützte auch Wissenschaften und Künste; al-Idrisi schrieb für ihn das sogenannte »Roger-Buch«. Er setzte sich für Medizin und die Falknerei ein. Die Bewunderung der Muslime für Roger II. ging so weit, daß noch al-Safadi (1297–1362) über ihn schrieb:

> *Roger liebte die Gelehrten der Philosophie, und er war derjenige, der aus Nordafrika al-Schrif al-Idrisi zu sich kommen ließ, den Autor des Buchs »Nuzhat« (...), damit er für ihn ein Abbild der Welt herstelle (...) Roger bat ihn, bei ihm zu bleiben, und sprach zu ihm: »Du stammst aus dem Kalifenhaus, und wenn Du unter Muslimen bist, suchen ihre Herrscher, Dich zu töten; aber wenn Du bei mir bleibst, bist Du in Sicherheit.« Nachdem al-Idrisi das Angebot des Königs angenommen hatte, gewährte dieser ihm ein so großzügiges Einkommen, wie es nur Fürsten (Könige) haben. Al-Idrisi pflegte auf einem Maultier zum König zu reiten, und wenn er bei ihm eintraf, stand Roger auf und ging ihm entgegen. Dann nahmen sie gemeinsam Platz.* (HOUBEN, 112)

All das hört sich kaum anders an als die Erzählungen über die Kalifen, ihre Gelehrten und Dichter in »1001 Nacht«. Auch die Paläste und Gärten auf Sizilien erinnerten stark an den orientalischen Prunk, den die Normannen übernommen hatten. Die erhaltenen Bildnisse aus der Cappella Palatina in Palermo zeugen von höfischen Sitten der Normannen, die den in »1001 Nacht« beschriebenen spiegelbildlich gleichen – es gab dieselben Trinksprüche, Tänze und Freuden. Die Normannen haben kulturelle Bedingungen geschaffen, in denen nicht nur die griechischen, lateinischen und arabischen Psalter gelesen wurden, sondern auch das höfische Leben nach orientalisch-byzantinischem Vorbild ablief. »Der Hof ist gleichsam ein literarischer Zirkel, selbstgenügsam, ohne weitreichende Ambitionen.« (HOUBEN, 119) In seinem Zentrum stand der König, dessen Bedeutung und Rolle man nur in Kategorien des sakralen Königtums begreifen kann. Das folgt nicht nur aus den berühmten Mosaiken in der Kirche S. Maria dell'Ammiraglio in Palermo, sondern auch aus der Gestaltung des berühmten Krönungsmantels der späteren Staufer, der noch von Roger II. stammte – mit der symmetrisch angelegten Szene des von einem Löwen angegriffenen Kamels und der folgenden arabischen Inschrift über dem Saum (HOUBEN, 127): »(Das ist) von dem, was in der königlichen Kammer angefertigt wurde, (welche) gediehen ist mit Glück und Ehre, mit Eifer und Vollkommenheit, mit Macht und Verdienst, mit (Seiner) Zustimmung und (Seinem) Wohlergehen, mit Großmut und Erhabenheit, mit Ruhm und Schönheit sowie der Erfüllung der Wünsche und Hoffnungen, und mit glücklichen Tagen und Nächten ohne Unterlaß und ohne Änderung, mit Ehre und Fürsorge, mit Wahrung und Schutz, mit Erfolg und Sicherheit, mit Triumph und Tüchtigkeit. In der Hauptstadt Siziliens in Jahre 528« (der Hedschra, das heißt 1133/34). In Anlehnung an die arabische Titulatur bezeichnete sich Roger II. als »Beschützer der Christen« und verstand sich als ein nur Gott verantwortlicher Herrscher.

Die zahlreichen Gemeinsamkeiten mit dem Orient lassen erkennen, wie viele Vorbilder und Traditionen des Ostens hier aufgenommen worden sind, unter denen sich auch weise Lehren, spannende Geschichten (»1001 Nacht«) und ähnliches befanden. Die Normannen haben mit ihrem Reich die Grundlage für die Entwicklungen in den folgenden Jahrhunderten geschaffen.

Nach dem Tod des großen Erbauers des sizilianischen und süditalienischen Reiches wurde seine Politik zunächst von seinem Sohn Wilhelm I. (1154–1166) und dann von dessen Nachfolger Wilhelm II. († 1189) kontinuierlich fortgesetzt. Ohne auf die Einzelheiten eingehen zu können, die dann zur Verbindung des Königshauses mit dem römisch-deutschen Kaiserreich geführt haben, muß darauf hingewiesen werden, daß die orientalischen Traditionen, in denen man Märchenhaftes nicht nur in Worten, sondern auch in Bildern, zum Beispiel in denen des Otranto-Mosaiks (um 1160), versinnbildlichte, weiterlebten. Nicht nur biblische Geschichten, sondern auch die bekannte Illustration aus dem Alexander-

Friedrich II. mit seinem Falken. Falknerei war eine Kunst, die aus dem Orient nach
Sizilien kam und die auch heute noch von den Arabern als Zeitvertreib ausgeübt
wird. (Aus dem Falkenbuch Friedrichs II.)

roman und Anspielungen auf den Artus-Zyklus, der zu einem der
populärsten im Abendland geworden war, wurden dargestellt. Die auf
Fußböden in Mosaik verewigten Geschichten konnte man auch erzählen; die Darstellungen dienten nicht nur als Gedankenstützen,
sondern waren zugleich in Bildern ausgedrückte Erzählungen. König
Salomo ist gegenüber der Königin von Saba zu sehen, an anderer Stelle
Alexanders Greifenfahrt und schließlich der sich opfernde König Artus.
Auch der Sieg über den Drachen als weitverbreitetem Symbol des Bösen
ist festgehalten worden. Diese bildliche Umsetzung – aus vorislamischen
Traditionen bekannt – war in der islamischen Zeit zugunsten des gesprochenen Wortes verdrängt worden. Das Bild, besonders das monumen-

tale, war im Islam verpönt und verboten. Hier und da, besonders in der Buchkunst der nichtarabischen Muslime, wurden Miniaturen narrativen Charakters hergestellt, sie waren aber nur einem kleinen, meist höfischen Kreis zugänglich. Dagegen wurde das programmatische Bild im abendländischen Kulturbereich unter dem Einfluß der Byzantiner zur immer häufigeren und wichtigeren Manifestation königlicher Herrlichkeit und religiöser Inhalte, so auch in den Mosaiken aus der Zeit Rogers II. Es entwickelte sich ein Bildprogramm, das nicht nur das heilige Geschehen um biblische Personen erzählte, sondern auch zeitgenössische Ereignisse ansprach, manchmal symbolisch, manchmal märchenhaft, in Wundergeschichten verschlüsselt. Die Malereien, Mosaiken und Reliefs, die die Kirchen zu medienwirksamen Orten gemacht haben, waren durch die heimkehrenden Kreuzritter auch bald in deren Schlössern und Burgen zu finden, wo sie Geschichten in Bildern erzählten, die die Dichter und Sänger an ihren Höfen vortrugen.

Mit Friedrich II., dem Nachfahren von Roger II., geriet dessen Reich in den Sog des weltpolitischen Geschehens, das man als Ausdruck der ersten okzidentalisch-orientalischen Begegnungen bezeichnen kann. Die faszinierende Gestalt dieses Königs und Kaisers regt immer wieder die Gemüter der Historiker und Literaten an. Heute, in einer Zeit erneuter Konfrontation zwischen Morgen- und Abendland, wird seiner Persönlichkeit und Herrschaft wieder besondere Aufmerksamkeit geschenkt. Friedrich II. ist zur mythischen Symbolfigur eines klugen Schlichters zwischen beiden Kulturen, aber auch zum Verkünder einer neuen Zeit geworden, die damals für ihn und seinen Hof begonnen hatte. Das 13. Jahrhundert stellte für das Abendland eine große Zäsur dar, einerseits weil sich mit der Gotik eine neue Spiritualität offenbarte, andererseits weil schon die ersten Ansätze der Renaissance sichtbar wurden.

Friedrich II., der große Falkner, war auch ein hochgebildeter Herrscher, der sich in sechs Sprachen – Apulisch-Sizilianisch, Arabisch, Griechisch, Lateinisch, Mittelhochdeutsch, Provenzalisch/Altfranzösisch – unterhalten konnte und weder in Europa noch im Orient eines Dolmetschers bedurfte. Er beherrschte noch ein »vereinigtes Europa«, das aber mit und nach ihm schon an der Schwelle einer sich abzeichnenden Spaltung stand.

Es geht hier nicht um eine Darstellung der Regierungszeit Friedrichs II. – die Literatur über ihn und seine Zeit ist inzwischen kaum noch zu überblicken –, sondern um seine kulturtragenden Leistungen im Zusammenhang mit dem Thema dieses Buches. Sie haben die Grundlagen geschaffen, auf der auch die mittelalterliche Rezeption des erzählerischen Schatzes aus »1001 Nacht« erfolgen konnte. Um ihn hatte sich ein literarischer Kreis gebildet, zu dem unter anderem seine Minister und Sekretäre sowie Professoren der Universität Neapel gehörten. Religiöse, politische und juristische Dispute waren alltäglich, aber auch die Dichtung wurde gepflegt. Petrus de Vinea war nicht der einzige, der beides zu verbinden verstand; am Hofe fanden sich illustre Persönlichkeiten wie der Magister Salvus, Terrisius von Atina, Thaddaeus von Sessa, Heinrich von Avraches und viele andere ein. Sie feierten Friedrich II. als Weltkaiser, als charismatischen Herrscher, dessen Aura alle überstrahlte und sie an seiner Heiligkeit teilhaben ließ. Schon während seiner ersten Regierungsjahre gab es auch außerhalb Palermos im ganzen Reich Dichter und Troubadoure, die ihn besangen und ihm huldigten. Er wurde zu einem Heilbringer stilisiert, dessen Reisen zu nie dagewesenen Triumphen wurden; man erwartete ihn beinahe wie einen Messias. Auch im Orient konnte der dem Ausgleich zugeneigte Herrscher Erfolge feiern. So schreibt der Historiker Francesco Gabrieli: »Ohne einen Schwertstreich erlangte er bekanntlich von Malik al-Kamil den teilweisen, wenn auch unsicheren Besitz von Jerusalem mit einem Landstreifen als Zugang zur Küste, was ihm genügen mußte, um sich dort zum König zu krönen und vor Freunden und Feinden ›das Gesicht zu wahren‹.« (WOLF, I 275)

Seine Regierung war eindeutig tolerant. Auf Sizilien und dann in Lucera konnte man noch im 13. Jahrhundert dem Gebetsruf des Muezzin folgen. Es wird erzählt, daß der Sultan während des Besuches von Friedrich II. im Heiligen Land höflicherweise die Gebetsrufe des Muezzins ausfallen lassen wollte. Friedrich II. soll dazu gesagt haben: »Wenn Ihr in meine Lande kämet, würde ich Euretwegen das Glokkenläuten nicht verbieten lassen.« Die Ajjubiden waren von Friedrich II. begeistert, der seinerseits die islamischen Ansichten über das Herrschertum – die »1001 Nacht« so plastisch vermittelt – vorbildlich fand. Seine Hofhaltung unterschied sich nicht sehr von der im Orient; man hielt Sklavinnen, Sängerinnen und Menagerien, orientalische Ausschweifungen waren üblich. Diese Tatsachen sind ihm später von seinen päpstlich orientierten Kritikern vorgeworfen worden.

Das aus dem Falkenbuch Friedrichs II. stammende Boot zeigt in groben Zügen die zeitgenössischen Boote im Mittelmeerraum.

Das Leben in seinen Palästen erinnerte an das, was man in den Beschreibungen aus »1001 Nacht« findet. Man pflegte auch die lokale apulisch-sizilische Sprache, in der sich die Spielmannsgesänge besser als auf lateinisch vortragen ließen. Daß die Erzählungen der Spielleute auch Motive aus »1001 Nacht« enthielten, ist nicht zu bezweifeln. Auch die Umgebung Friedrichs II. huldigte Idealen, die man als okzidentalisch-orientalische Synthese bezeichnen kann. Medizin und Naturwissenschaften, aristotelische Philosophie, Geometrie und Mathematik interessierten auch den Kaiser, der sogar mit arabischen Gelehrten schriftliche Dispute führte. Bei der Vielfalt der Interessen Friedrichs II., darf sein Dialog mit den Juden, die sowohl in der islamischen als auch in der christlichen Welt wirkten, nicht unerwähnt bleiben. Einer von ihnen, Jakob ben Anatoli, führte den Kaiser in die Geheimnisse der Astronomie und Astrologie ein, was sich dann in vielen Bereichen, unter

anderem in der Architektur seines unvollendeten Castel del Monte, ausgewirkt hat. Astrologie, die auch sein Hofastrologe Michael Scotus intensiv betrieb, interessierte Friedrich II. nicht weniger als seinerzeit die
Kalifen, die dieser Disziplin ebenfalls offen gegenübergestanden hatten,
obwohl das nicht der islamischen Orthodoxie entsprach. Sowohl am
Kaiserhof zu Palermo als auch in allen seinen anderen Residenzen versammelte Friedrich Gelehrte aller erdenklichen Prägung um sich, auch
orientalische Christen, etwa Theodor von Antiochia, der bei ihm in besonders hohem Ansehen stand. Nachdem in der Zeit der Kreuzzüge die
Zentren der orientalischen Christenheit und ihrer Gelehrsamkeit sowohl
von den katholischen als auch den islamischen Kriegern angegriffen
und vernichtet worden waren, traten viele Gelehrte in den Dienst arabischer oder westchristlicher Herren. So war auch Theodor an den
Kaiserhof gekommen.

Der Einfluß der geschilderten Entwicklung schlug sich auch in den
Gedanken von Albertus Magnus und Thomas von Aquin nieder. Man
kann behaupten, daß Kaiser Friedrich II. die europäische Kultur in all
ihren Bereichen nachhaltig geprägt hat. Nicht die einseitigen Einflüsse
aus dem maurischen Andalusien, sondern der Kulturtiegel Sizilien hat
über die europäische Entwicklung entschieden. Hier flossen alle
Strömungen aus Ost und West, aus Süd und Nord zusammen. Von dort
gingen Ideen in die Welt, die in Italien zur Entwicklung der Renaissance
führten, in der die orientalische Rezeption deutliche Spuren hinterlassen
hat.

Die Einflüsse gingen aber nicht nur von Sizilien aus, sondern waren
auch Folge der Kreuzzüge, die einerseits zur Krise des Christentums
geführt haben, durch seine Politisierung, andererseits aber auch zur Verhärtung der Positionen sowohl der Kirche als auch der islamischen Herrscher. Auch die zweihundertjährige Geschichte dieser Auseinandersetzung fand in einigen Erzählungen aus »1001 Nacht« ihren Niederschlag.
Sie ermöglichen eine genauere historische Einordnung und verstärken
die islamische Position der Protagonisten, was man am Beispiel der »Geschichte von dem Oberägypter und seinem fränkischen Weibe« nachvollziehen kann:

So wisset denn, ich hatte einst in dieser Gegend Flachs gesät, hatte
ihn dann raufen und hecheln lassen und hatte dafür fünfhundert

Dinare ausgegeben. Dann wollte ich ihn verkaufen, aber ich konnte nicht mehr dafür bekommen, als er mich gekostet hatte. Da sagten die Leute zu mir: »*Bring ihn doch nach Akko, vielleicht wirst du dort großen Gewinn durch ihn erzielen.*« *Nun war Akko damals noch in den Händen der Franken, und als ich dorthin gekommen war, verkaufte ich einen Teil des Flachses mit einer Zahlungsfrist von sechs Monaten. Eines Tages aber, als ich gerade verkaufte, kam eine fränkische Frau auf mich zu; und die fränkischen Frauen haben die Sitte, ohne Schleier auf den Basar zu gehen. (...) sie erkannte, daß ich sie lieb hatte. Es war aber ihre Gewohnheit, in Begleitung einer Alten zu gehen; und so sprach ich zu jener Alten, die bei ihr war:* »*Ich bin von heißer Liebe zu ihr entbrannt. kannst du es für mich erwirken, daß ich mit ihr vereint werde?*« *Sie erwiderte:* »*Das will ich dir erwirken; aber dies Geheimnis muß unter uns dreien bleiben, mir und dir und ihr! Und außerdem mußt du natürlich Geld aufwenden.*« *Ich sprach:* »*Sollte auch mein Leben der Preis für mein Beisammensein mit ihr sein, es wäre nicht zuviel.*« (...) »*So wird sie heute Nacht zu dir kommen!*« *Darauf ging ich hin und machte bereit, soviel ich vermochte, an Speise und Trank, Wachskerzen und Süßigkeiten. Mein Haus aber schaute aufs Meer, und weil es damals um die Sommerszeit war, so breitete ich das Lager auf der Dachterrasse auf. Als nun die Fränkin kam, aßen und tranken wir. Danach ward die Nacht dunkel, und wir ruhten unter freiem Himmel; der Mond schien auf uns herab, und wir konnten sehen, wie die Sternbilder sich im Meere spiegelten. Da sprach ich bei mir selber:* »*Schämst du dich nicht vor Allah, dem Allgewaltigen und Glorreichen, du, ein Fremdling im Lande, daß du hier unter freiem Himmel und angesichts des Meeres dich gegen Gott mit einer Nazarenerin versündigen und dir die Strafe des höllischen Feuers verdienen willst? O mein Gott, ich rufe dich als Zeugen an, daß ich mich in dieser Nacht dieser Christin enthalten habe aus Scheu vor dir und aus Furcht vor deiner Strafe!*« *Dann schlief ich bis zum Morgen, sie aber erhob sich zornig, sobald der Tag graute, und kehrte heim.*
[Der Versuch, mit der Fränkin zusammen zu sein, wiederholte sich noch zweimal, und obwohl der Kaufmann dafür noch mehr zahlen mußte, konnte er sich nicht überwinden, sich mit einer Nichtmuslimin zu vereinigen. Nachdem aber die Waffenruhe

Die Kreuzritterburgen als Erbschaft der zweihundertjährigen Anwesenheit der Abendländer im Nahen Osten wurden zu geheimen und verzauberten Stätten zahlreicher Erzählungen (nach einem Stich aus dem 19. Jahrhundert).

zwischen Kreuzrittern und Muslimen zu Ende war, verließ auch der Kaufmann die Stadt. Er erzählte weiter:]

Ich nahm schöne Waren mit und verließ Akko, das Herz voll von heißer und leidenschaftlicher Liebe zu der Fränkin, an die ich mein Herz und mein Geld verloren hatte. Ich zog aber meines Weges weiter, bis ich nach Damaskus kam, und dort verkaufte ich die Waren, die ich von Akko mitgebracht hatte, zu den höchsten Preisen, da die Stadt wegen des Ablaufs des Waffenstillstandes von allen Verbindungen abgeschnitten war. Nachdem ich drei Jahre lang solchen Handel getrieben hatte, kam es zwischen el-Malik en-Nasir (Saladin, der 1187 Akko eroberte) und den Franken zu den bekannten Schlachten; Allah gab ihm den Sieg über die Feinde, so daß er alle ihre Fürsten gefangennahm und das Küstenland von Palästina mit der Erlaubnis Gottes des Erhabenen eroberte.

[Unser Held beschäftigte sich auch mit Sklavenhandel, und man kaufte bei ihm eine Sklavin für Saladin; da man ihm aber die Bezahlung schuldig blieb, schlug man ihm vor, sich aus den Sklavinnen des Sultans eine andere auszusuchen.]

*Darauf nahmen sie mich und führten mich zum Raume der Ge-
fangenen; als ich mich dort umsah und alle Gefangenen anschaute,
erblickte ich auch die fränkische Frau, zu der ich einst in Liebe entbrannt war, und ich erkannte sie mit Sicherheit. Sie war die Gattin
eines von den fränkischen Rittern; und ich sprach: »Gebt mir die!«
Ich empfing sie und führte sie in mein Zelt; doch wie ich sie fragte:
»Kennst du mich?«, erwiderte sie: »Nein«. Dann sagte ich zu ihr:
»Ich bin dein Freund, der frühere Flachshändler, und ich habe mit
dir erlebt, was damals geschah, und du hast das Gold von mir
genommen. Du ließest mir sagen, ich solle dich nie wiedersehen, es sei
denn um fünfhundert Dinare; und jetzt habe ich dich für zehn
Dinare zum Eigentum erhalten.« Darauf sprach sie zu mir: »Das geschah durch die geheime Kraft deines wahren Glaubens; ich bezeuge
jetzt, daß es keinen Gott gibt außer Allah, und ich bezeuge, daß
Mohammed der Gesandte Allahs ist!« So wurde sie Muslimin, und
ihr Glaube war schön. (...)
In der nächsten Nacht ruhte ich bei ihr, und sie empfing durch mich;
bald darauf zogen die Truppen ab; und wir kehrten nach Damaskus
zurück. Nach wenigen Tagen jedoch kam ein Bote des Frankenkönigs
und forderte alle Gefangenen zurück aufgrund eines Vertrages, der
zwischen den Königen geschlossen war. Nun wurden alle Gefangenen, Männer und Frauen, zurückgegeben; nur die Frau, die bei
mir war, blieb noch übrig. Da sagten die Franken: »Die Frau des
Ritters Soundso ist noch nicht da.« (...) So nahm ich sie denn und
führte sie vor den Sultan el-Malik en-Nasir, zu dessen rechter Seite
der Bote des Frankenkönigs saß, und ich sprach: »Dies ist die Frau,
die bei mir war.« Da sagten el-Malik en Nasir und der Gesandte zu
ihr: »Willst du in dein Land oder zu deinem Gatten zurückkehren?
Gott hat dich und die anderen befreit.« Sie antwortete dem Sultan:
»Ich bin eine Muslimin geworden, und ich bin schwanger, wie ihr es
an meinem Leibe seht; jetzt haben die Franken keinen Nutzen mehr
von mir.« Doch der Gesandte fragte: »Wer ist dir lieber, dieser
Muslim oder dein erster Gatte, der Ritter Soundso?« Und sie gab ihm
die gleiche Antwort wie dem Sultan. Der Gesandte sagte darauf zu
den Franken, die bei ihm waren: »Habt ihr ihre Worte vernommen?«
»Jawohl«, erwiderten sie; und der Gesandte sprach zu mir: »Nimm
deine Frau und geh mit ihr deiner Wege!«* (V 758ff.)

Diese Erzählung hat nicht nur ihren tatsächlichen Sitz im Leben, sie findet sogar eine Erweiterung in arabischen Zeugnissen über die Kreuzritterzeit, in denen berichtet wird:

Mit einem Schiff kamen dreihundert schöne fränkische Frauen im Schmucke ihrer Jugend und Schönheit, die sich jenseits des Meeres gesammelt und der Sünde verschrieben hatten. Sie hatten ihr Vaterland verlassen, um den in der Fremde Weilenden zu helfen; sie hatten sich gerüstet, die Unglücklichen glücklich zu machen, und sich gegenseitig gestützt, um zu helfen und zu unterstützen. Sie brannten vor Lust auf das Zusammensein und die fleischliche Vereinigung. Alle waren zügellose Dirnen, hochfahrend und spöttisch, die nahmen und gaben, fest im Fleisch und sündig, Sängerinnen und kokett, öffentlich auftretend und anmaßend, feurig und entbrannt, gefärbt und bemalt, reizend und begehrenswert, erlesen und anmutig, die zerrissen und flickten, durchrissen und nähten, auf Abwege führten und Augen warfen, entkräfteten und raubten, trösteten und hurten; verführend und schmachtend, begehrt und begehrend, Freude gebend und nehmend, vielseitig und erfahren, trunkene junge Mädchen, die nach Liebe verlangten und sich verkauften, unternehmend und glühend, leidenschaftlich und voller Liebe, rot im Gesicht und schamlos, schwarz- und großäugig, mit vollen und schlanken Körpern, mit näselnder Stimme und festen Schenkeln, mit blauen und grauen Augen, außergewöhnlich und dümmlich. (...) Sie schritten hochmütig mit einem Kreuz auf der Brust, verkauften Gunst um Gunst, wollten in ihrer Glut überwältigt sein. Sie kamen, weil sie sich selbst wie für ein frommes Werk geopfert hatten, die Keuschesten und Kostbarsten unter ihnen hatten sich angeboten. (...) sie betrieben lebhaften Handel mit der Ausschweifung, vernähten die sich spaltenden Schlitze, tauchten in die Quellen der Zügellosigkeit, schlossen sich ein im Gemach unter dem erregten Zudrang der Männer, boten den Genuß ihrer Ware an, luden die Unzüchtigen zur Umarmung ein, ritten Brust an Kruppe, schenkten ihre Ware den Bedürftigen, brachten die Spangen um ihre Fesseln nahe an die Ohrringe, wollten hingestreckt sein auf den Teppich des Liebesspiels.

(...) die Männer in unserem Heer hörten von der Begebenheit und wunderten sich, wie jene ein frommes Werk vollbringen konnten, indem sie jede Zurückhaltung und Scham aufgaben. Doch einige Mameluken, dumme, unglückselige Toren, entkamen unter dem heftigen Stachel der Leidenschaft und folgten denen, die im Irrtum leben. (Kreuzzüge, 256ff.)

Dieser Bericht ist insofern eine interessante Quelle, als er erlaubt zu erkennen, wie das Imaginäre sich mit dem Historischen auch außerhalb von »1001 Nacht« verbindet.

Unabhängig von der individuellen Einstellung zu den Kreuzzügen ist festzuhalten, daß sie maßgeblich an der Verbreitung der orientalischen Traditionen im Abendland mitgewirkt haben. Die Mündlichkeit kannte keine Grenzen, man rezipierte sowohl den Alexanderroman als auch andere Motive, die die großen Troubadoure und Minnesänger mit Walther von der Vogelweide (um 1170–1230) als ihrem führenden Vertreter verbreiteten. Hierzu gehören auch die ritterlichen Sagen über den Artus-Kreis, vor allem der »Parzival« von Wolfram von Eschenbach (1170–1220). Bei genauerer Betrachtung kann man hier Motive entdecken, die wieder zum Vogel Ruch und seinen unterschiedlichen Emanationen zurückführen:

Ist er Euch noch unbekannt,
so wird er hier für Euch benannt:
»lapis exillis« ist sein Name.
Die Wunderkraft des Steins verbrennt
den Phönix, macht ihn ganz zu Asche;
die Asche gibt ihm neues Leben.
Und so mausert sich der Phönix,
erstrahlt danach in hellstem Glanz,
ist nun wieder schön wie früher.
(WOLFRAM VON ESCHENBACH, Parzival IX 469)

Hier sind es christliche Legenden, die, aus orientalischen Quellen schöpfend, ihre narrativen Strukturen mit christlichem Firnis bedeckten und populär wurden. Noch Sir Thomas Malory († 1471) träumte von den wunderbaren Zeiten des Königs Artus und von den

Rittern, die aus dem Morgenland zurückgekommen waren, um die Welt zu retten.

Die Reihe dieser unübertroffenen Legendensammlungen führt die »Legenda aurea« (1270) des Jacobus de Voragine an. In ihr finden sich teilweise imaginäre Angaben über den Orient; ihre Erzählweise erinnert oft an Wundergeschichten aus »1001 Nacht«. Neben den fast überall bekannten Heiligengeschichten gab es auch andere, die später in Vergessenheit gerieten, wie zum Beispiel die »Legende von den heiligen drei Königen« von Johannes von Hildesheim (um 1310/20–1375), die an die phantastische Reiseliteratur dieser Zeit anknüpft. Zu dieser gehören die Berichte Marco Polos (1254–1324) und die Abenteuer von Sir John Mandeville, der 1322 England verließ, um angeblich nach Jerusalem zu gelangen. Seine Erlebnisse und imaginären Eindrücke weisen zusammen mit den Wundergeschichten des Venezianers eine starke Verwandtschaft zu den unvergeßlichen Reisen des Sindbad des Seefahrers auf.

Die mittelalterlichen narrativen Bilder, die als Vorboten der neuzeitlichen Buchillustrationen anzusehen sind, bestätigen, daß es schon damals im Abendland imaginäre und phantastische Bilder vom Orient gegeben hat (Fußbodenmosaiken in Otranto, Teppich von Bayeux). Charakteristisch für sie sind Vorstellungen, die zwischen dem gewohnten lokalen Kolorit und den exotischen Beigaben von Tieren, Kleidern und Sitten oszillieren. So entstand eine bildliche Kontinuität, die noch bis in die Zeit der großen Entdeckungsreisen fortwirkte. Mindestens zwei Tendenzen sind dabei zu beobachten: einerseits die tatsächliche Übernahme orientalischer Vorbilder, andererseits die irreale, phantastische Welt voller unterschiedlicher Imaginationen, deren Quellen oft kaum zu finden sind. Diese Ikonizität schöpft, wie Jurgis Baltrušaitis nachgewiesen hat, aus der Bilderwelt des von Geistern bevölkerten Orients. Diese bildhafte Umformung phantastischer Erzählungen aus »1001 Nacht« fand auf Umwegen auch Zugang zur europäischen Malerei und in ihre Werke, deren Inhalte unter Fachleuten oft zur Streitfrage werden, wenn es zum Beispiel um Hieronymus Bosch geht. Aber das ist schon eine andere Geschichte.

Die Begegnungen im Mittelmeerraum, in dessen Zentrum Sizilien stand, hinterließen eine reiche Erbschaft. Manches davon gehört zur großen Kulturgeschichte der Menschheit, wie die »Divina comedia« Dante Alighieris (1265–1321), die ohne die Auseinandersetzung mit dem Islam undenkbar gewesen wäre:

Schau her, wie Mahomet verstümmelt wurde!
Vor mir siehst du in Klagen Ali schreiten,
Das Haupt vom Kinn bis an den Schopf gespalten.
Und alle andern, die dir hier begegnen,
Die waren Stifter von Gezänk und Zwietracht
Im Leben, darum sind sie so zerspalten.
(DANTE, Inferno XXVIII 31ff.)

Anderes wurde beinahe vergessen, denn erst heute erkennt man wieder, welche Tragweite dem Werk des unermüdlichen Ramon Llull zukommt, der möglicherweise sogar in Bologna Dante traf und ihn mehr beeinflußte, als manche vermuten würden. Llull hat nicht nur die theoretischen Grundlagen für die heutigen Computer geschaffen, sondern sah auch die Notwendigkeit eines ständigen Gedankenaustausches zwischen Abend- und Morgenland. Er postulierte die Einrichtung entsprechender Schulen, in denen man nicht nur Arabisch, sondern auch den Koran lernen sollte. Er fand für seine Ideen jedoch kaum Unterstützung, obwohl schon ein Jahrhundert später der Kardinal und große Gelehrte Nikolaus von Kues (1401–1464) ihm folgte und einen Kommentar zum Koran verfaßte.

So zeigte sich, daß aus der unerschöpflichen Quelle von »1001 Nacht« eine Vielzahl von Erzählungen in die mündlichen Überlieferungen, Volksmärchen und in die Literatur Europas und der Welt eingeflossen sind. Umgekehrt war die orientalische Sammlung in ihrer Zeitlosigkeit für immer neue Geschichten offen, die nicht selten auch aus dem Westen kamen, um schließlich im Orient heimisch zu werden.

Madame Pompadour als »Scheherezad«. Gemalt im Auftrag der Mätresse Ludwigs XV.
von Charles-André van Loo, genannt Carle van Loo (1705–1765), für ihr sogenanntes
türkisches Zimmer. Die Züge der großen Dame des französischen Hofes sind unverwechselbar. Die Zarin Katharina die Große ewarb das Bild für 1000 Rubel. (Heute
Sankt Petersburg, Eremitage.)

VI. KLUGE UND SCHÖNE FRAUEN AUS »1001 NACHT«

Aus dem Dämmerlicht ihrer östlichen Frauengemächer, wo sie wie eine kostbare Pflanze im Treibhaus heranwuchs, geschützt von jedem Luftzug der Wirklichkeit, löst sich ihr Schatten, kommt näher, gewinnt vor unseren Augen Leben und Körperlichkeit. Schon steht sie an der Rampe, löst ihren Schleier und zeigt uns ihr unverhülltes Gesicht. Rein und klar ist der Spiegel dieses Antlitzes. Kein Rest ist in ihm zurückgeblieben vom buhlerischen Lächeln, von der feinen List oder vom trägen Gleichmut der Sklavin. Es ist ein unverwechselbares Gesicht, das Gesicht eines Menschen, wie es Gott nur einmal prägt. Und es drängt uns, der, die es trägt, einen Namen zu geben, der sie auf immer der Dämmerung des Vergessens entreißt: Scheherezade.

(HARTLAUB, 71)

Mit dieser poetisch anmutenden Formulierung Geno Hartlaubs in seinem Essay über Scheherazad(e) streift uns der Atem des Orientalismus und wird seine facettenreiche Gestalt deutlich. Orientalismus, das ist nicht – wie Edward Said meint – eine von Europäern künstlich geschaffene Welt falscher Bilder und Erinnerungen, sondern Ausdruck für die Hochachtung und Bewunderung gegenüber Traditionen, die das Morgen- und Abendländische zu einer Symbiose verschmolzen hat.

Scheherazad war mehr als nur eine märchenhafte Frau. Sie war eine kluge, alles beherrschende gute Fee, deren Zauber nicht nur den rachsüchtigen Schehrijar umstimmen konnte, sondern auch deutlich werden ließ, daß sexuelle Begierde und Befriedigung, die eine Frau zu erregen und zu gewähren glaubt, nicht das einzige ist, was eine Liebesbeziehung ausmacht (wenn von Liebesbeziehungen gesprochen wird, sind hier – wenn nicht ausdrücklich anderes gesagt wird – nur Beziehungen zwischen Mann und Frau gemeint).

Scheherezad, die dank der Gallandschen Übersetzung zu einer populären Gestalt der Literatur und der Alltagsmetaphorik geworden war, fand in jener Zeit ein fast getreues Abbild in der den französischen

Hof Ludwigs XV. beherrschenden Mätresse des Königs, Madame Pompadour (1721–1764). Sie führte einen Salon, kultivierte Kunst und Wissenschaften, und nicht zufällig findet sich in ihren Handlungen ein Teil dessen, was Charles-Louis de Secondat Montesquieu unter Einfluß orientalischer Visionen, auch denen aus »1001 Nacht«, in seinen berühmten »Persischen Briefen« (1721) zu Papier brachte. Es sind zwar als Camouflage zu wertende Bemerkungen zum Zustand des Königreiches, aber einige Hinweise zu Harems, Eunuchen und orientalischen Sitten lassen erkennen, daß es sich dabei um Begriffe handelte, die seinerzeit allgemein bekannt waren.

Ein Harem – ein Bereich, den man oft noch mit einer nicht endenden »Liebe« assoziiert –, war in erster Linie ein von der Außenwelt abgeschlossener Teil des Palastes, in dem sich das Privatleben der Frauen und Kinder, damit aber auch des Herrschers selbst abspielte. Von Fremden durfte er nicht betreten werden. Die Geschichte dieser Einrichtung, die in »1001 Nacht« oft eine Rolle spielt, reicht weit in die vorislamische Zeit zurück, in der es Paläste gab, die nur von Frauen und Kindern bewohnt waren. Ob sie aber damals schon der späteren islamischen Vorstellung eines Harems entsprachen, muß bezweifelt werden, obwohl allgemein über Harems der Pharaonen, König Salomos usw. gesprochen wird. Unbestritten ist, daß die übliche Polygamie dazu geführt hat, daß die zahlreichen Frauen eines Herrschers ihren eigenen Lebensraum hatten, um mit ihren Kindern und ihrem Hofstaat ein ihrem Status entsprechendes Leben führen zu können.

Noch unter Harun er-Raschid gab es einen relativ »kleinen« Harem; er begnügte sich mit zweihundert Frauen, was wenig war im Vergleich zu den angeblich 12 000 Schönheiten, die ein halbes Jahrhundert später den Palast von Mutawakkil bevölkerten. Sie rekrutierten sich meist aus Sklavinnen, die durch Handel oder als Kriegsbeute, aber auch als Gastgeschenke an die Höfe der Herrschenden gekommen waren. Die Frauen stammten aus aller Herren Länder; unter ihnen gab es auch Nichtmusliminnen. Eine gleiche oder zumindest ähnliche Herkunft hatten die Eunuchen, die in den Harems als Beschützer der Frauen eine wichtige Rolle spielten. Sie waren das Bindeglied, nicht nur zwischen dem Herrscher und seinen Frauen, sondern auch zwischen den Haremsdamen und der Außenwelt.

Ob Harems immer hermetisch abgeschlossen waren, kann bezweifelt werden. In den Erzählungen von »1001 Nacht« hört man oft von Frauen,

Eine von unzähligen Haremsszenen, sehr gut von Oskar Larsen getroffen und mit großen Impressionen orientalistischer Maler in ihren Aquarellen gleichzusetzen.

die ihr Zuhause, das heißt die Harems, verließen, um die Stadt zu besuchen, was keine Ausnahme gewesen zu sein scheint. Erst die Zeit der Mamluken und die Türkisierung der islamischen Welt führte zu den Veränderungen, die dann die gängigen Vorstellungen von Harems in Europa beeinflußt haben.

Auch in »1001 Nacht« bevölkerten Eunuchen die Harems der Paläste; sie waren überall anzutreffen. Das vermitteln bildhaft die Illustrationen des österreichischen Malers und Grafikers Oskar Larsen und die stereotype Redewendung »sie/er befahl einem der Eunuchen …«. Der Eunuch war immer anwesend, wurde aber selten zum Helden einer der sagenhaften Erzählungen, die noch bis heute die Gemüter der Leser anregen. Beide – Harem und Eunuch – sind später zum Inbegriff der arabisch-islamischen Kultur geworden. Ein Rückblick auf die Entstehung und die

Grundwerte des Islam offenbart jedoch, daß beides ihm ursprünglich fremd war. Die erhaltenen Ruinen der Wüstenschlösser der Omajjaden weisen darauf hin, daß es in ihnen noch keine architektonisch nachweisbaren Harems gegeben hatte. Erst mit der islamischen Invasion in Länder und Reiche, in denen Harems mit Eunuchen zur selbstverständlichen höfischen Lebenshaltung gehörten, änderte sich das. In erster Linie ist dabei an die Beeinflussung durch Persien zu denken, wo eine besonders ausgeprägte Haremskultur bestanden hatte, die sowohl lokale als auch fernöstliche Vorbilder in sich vereinigte. Auch die Kastration – sowohl bei Menschen als auch bei Tieren – war im Islam ebenso verpönt wie schon bei den Juden. Die Entmannung stand damals sogar unter Strafe. Deshalb stammten die meisten Eunuchen aus nichtislamischen Völkern und Kulturen. Ihre Existenz erwies sich jedoch als erforderlich angesichts ihrer Funktion in den eroberten Reichen. So wie die Harems expandierten, so expandierte auch der Bedarf an Eunuchen. Die schon erwähnten Haremspaläste bedurften Armeen von Sklaven und Eunuchen, die – ebenso wie ihre Schützlinge – aus aller Herren Länder stammten. Sie gelangten an die Höfe teils als Beute siegreicher Kriege, teils durch Schenkungen aus dem In- oder Ausland. Sie wurden aber auch auf Sklavenmärkten erworben, die noch auf Jahrhunderte die Versorgung der Harems mit Sklavinnen und Eunuchen sicherten.

Von Harun er-Raschid wird berichtet, daß er großen Wert darauf legte, daß seine Konkubinen ihm faszinierende Geschichten erzählten und auch der Musik, des Gesangs und der Poesie kundig waren. Die Frauen wurden in den Harems nicht nur in allgemeiner Bildung, sondern auch in Musik, Gesang, Dichtung und Tanz unterwiesen. Einige der Gesangsmeister sind wahrscheinlich Kastraten gewesen. Auch in Bildern werden musizierende Haremsdamen wiedergegeben.

Die Situation und das Leben in Harems war vielschichtig. Es gibt darüber unterschiedliche Quellen, unter denen auch die Erzählungen aus »1001 Nacht« wichtig sind. Die Erzählungen dürften selbst mindestens teilweise aus Haremskreisen stammen, was ihre Unterschiede und Besonderheiten erklären würde. Sowohl unter den Damen als auch den Eunuchen wurde viel geredet und erzählt, teils zum Zeitvertreib, teils aber auch in Form von Erziehungsgeschichten für die dort lebenden Kinder. Der Harem war ein Kosmos für sich.

Schon das Vorhandensein von vier erlaubten Ehefrauen und einer sich beliebig verändernden Zahl von Sklavinnen war ein ewiger Quell von Intrigen, unter anderem wegen der Bevorzugung dieser oder jener Dame oder der zukünftigen Stellung von neugeborenen Söhnen. Auch unter Harun er-Raschid war das nicht anders, denn sein Nachfolger wurde nicht sein Sohn mit der legitimen geliebten Gattin Zubaida – von der auch in »1001 Nacht« gesprochen wird –, sondern el-Mamun, das Kind der persischen Sklavin Mahradschil. El-Mamun tat genau das gleiche, was vorher sein Vater bei seiner Thronbesteigung getan hatte: Er beseitigte seinen sieben Monate jüngeren Halbbruder Amin. Diese Nachfolgekämpfe prägten und begleiteten die Geschichte der Herrschenden und der Haremsdamen. In der Zahl der Haremsbewohnerinnen symbolisierten sich Macht und Reichtum des Herrschers. Ob die angegebenen Zahlen realistisch sind, ist zu bezweifeln. Auch wenn Muhammed den Muslimen gestattet hat, vier Ehefrauen zu haben, so war es doch für viele einfache freie Bürger schwer, den Unterhalt auch nur für eine einzige Frau aufzubringen. Selbstverständlich war es jedem freigestellt, neben den offiziellen Gemahlinnen, von denen man sich aber relativ einfach scheiden lassen konnte, auch noch beliebig viele Sklavinnen beziehungsweise Konkubinen zu unterhalten. In den regierenden Familien war die Wahl der Ehefrauen überwiegend von politischen Gesichtspunkten bestimmt. Sklavinnen wurden entweder vom Herrscher selber beziehungsweise einem ihm vertrauten Eunuchen sorgfältig ausgesucht. Das alles erklärt aber nicht die Notwendigkeit des Harems als geheiligte Privatsphäre des Hausherren und seiner Frauen, die unter den nomadisierenden Arabern nicht ihr Gesicht verdeckt hatten. Im Laufe der Zeit entstand nach dem Vorbild Muhammeds, dessen Frauen nach seinem Tode von niemandem mehr berührt werden durften, eine besonders patriarchal ausgeprägte Vorstellung, nach der die Frau als Mutter vor der Außenwelt und vor anderen Männern zu beschützen und zu isolieren war, um die sichere Vaterschaft des Herrschers zu garantieren.

In dieser Situation waren als Wächter in Harems nur Kastraten vorstellbar, denen zugleich eine sonderbare Vermittlerrolle zwischen den Frauen und dem Hausherren zufiel. Auf diese Weise entwickelten sich besondere Vertrauensverhältnisse, die wahrscheinlich ein mehr psychologisches als lokalhistorisches Phänomen sind, das diese besondere Intimität zu einer so eigenartigen (unbewußten) Bindung zwischen Herrscher und Eunuchen werden ließ. Es war eine Beziehung, die man vielleicht mit der eines Privatsekretärs zu seinem Prinzipal vergleichen kann, nur in wesentlich verstärkter Form, wobei die besondere Betonung auf das Wort »Sekretär« gelegt werden muß, der zugleich ein Geheimnisträger war – Verschwiegenheit war Bedingung. In der Zeit der Abbasiden erreichte der Hofstaat der Herrscher eine Dimension, die nur schwer nachzuvollziehen ist. Es begegnen uns Zahlen über Zahlen. Zwar weiß jeder, der den Orient kennt, daß die Zahl der Beschäftigten nicht unbedingt mit einer entsprechenden Arbeitseffizienz gleichzusetzen ist. Nicht umsonst ist das System der Würdenträger so typisch orientalisch; es spiegelt den Glanz eines Herrschers, Staates oder des Schicksals wider, sich den Luxus leisten zu können, Menschen zufriedenzustellen, ohne sie tatsächlich beschäftigen zu müssen. Auch hier begegnet uns die Sklaverei, besonders im Zusammenhang mit dem Eunuchentum. Man muß jedoch die islamische Einstellung zu Sklaven beachten, die – mehr noch als im Judentum – sehr viel humaner war als sonst allgemein üblich. Der Grund dafür ist, daß sich der Koran für die Gleichbehandlung der Sklaven ausspricht (Sure XVI 71/73). In einer der Hadithe heißt es: »Und euere Sklaven! Achtet darauf, daß sie dieselbe Nahrung bekommen wie ihr und dieselben Kleider wie ihr. Und wenn sie einen Fehler begehen, den ihr nicht verzeihen wollt, verkauft sie; denn sie sind die Diener Gottes und dürfen nicht gequält werden.« In der Sklavenhaltung, die in islamischen Ländern bis in die Neuzeit zu finden war, kamen Wohlstand und Luxus zum Ausdruck. Die Sklaven wurden meist im Haushalt beziehungsweise im privaten Bereich beschäftigt.

Die Eunuchen kamen in die islamische Welt – wegen des dort bestehenden Verbots der Kastration – meist als Sklaven aus Osteuropa und dem Byzantinischen Reich, in dem sie auch häufig für den Kirchengesang verschnitten worden waren. Man fand auch Franken, das heißt Abendländer, als Eunuchen. Man bezog sie aber auch aus Afrika, besonders aus Nubien und Äthiopien; später kamen als Herkunftsländer noch Indien und China hinzu. Meist gab man ihnen neue Namen und bekehrte sie zum Islam, wodurch ihre Position am Hof erleichtert wurde. Am Handel mit Eunuchen waren nicht nur Muslime, sondern auch Juden und Christen beteiligt. Einer der wenigen europäischen Pilgerreisenden nach Mekka, Heinrich Karl Eckard Helmuth von Maltzan, schreibt darüber in seinem Bericht aus dem Jahre 1854: »Bei Siut (Assiut) nahm Schich (Scheik) Mustapha Gelegenheit, um über die entsetzlichen Gipti (Kopten) loszuziehen. Einige Kopten Siuts machen nämlich ein Gewerbe daraus, junge Negersklaven einzukaufen und sie der Kastration zu unterziehen, woran viele sterben; die Überlebenden aber werden um das zwanzigfache von dem verkauft, was sie früher galten. Haben die Muselmänner unrecht, wenn sie die orientalischen Christen verachten?« (MALTZAN, 40). Von Maltzan bestätigt damit die früheren Angaben des französischen Reisenden Chardin aus dem 17. Jahrhundert, der in der gleichen Gegend Oberägyptens die Existenz von »großen Manufakturen, die die Türkei mit Wächtern der weiblichen Tugend versorgten«, festgestellt und erzählt hat, daß in der Zeit seines dortigen Aufenthaltes zwei koptische Mönche die Operationen vornahmen, die alle ihre Vorgänger an Geschicklichkeit übertroffen haben sollen (CHARDIN, VI 42). Alle Berichte bestätigen einhellig, daß in den koptischen Klöstern Ägyptens Tausende von Kindern, meist im Alter zwischen sieben und zehn Jahren, die man als Kriegsbeute, durch Ankauf von armen Leuten oder als Sklaven erworben hatte, auf eine sehr primitive Weise kastriert wurden. Dabei betrug die Zahl der Todesfälle oft mehr als 60 Prozent, was in Anbetracht der Tatsache, daß in China bei der gleichen Prozedur nur etwa 2 Prozent der Betroffenen ums Leben gekommen sein sollen, erschreckend ist. Man kann nur ahnen, wie es unter den Abbasiden ausgesehen hat. Sicher ist jedoch, daß sich die Nachfrage nach Kastraten von Jahr zu Jahr steigerte. Sie korrespondierte mit der Nachfrage nach Frauen, die in die Harems der Herrscher, aber auch der Gouverneure und hohen Würdenträger kamen. Wie schon vorher in den antiken Kulturen traten auch unter den Abbasiden Erscheinungsformen auf, die sich wie ein roter Faden durch die Geschichte der Eunuchen ziehen: Sie wurden zu Objekten homosexueller Begierden. Besondere Neigungen in dieser Hinsicht hatte offenbar der Sohn von Zubaida und Harun er-Raschid, Amin. At-Tabari (838–923), einer der bedeutendsten persisch-islamischen Historiker, erzählt, daß seine Mutter Zubaida versucht habe, Amin diese Neigungen auszutreiben, indem sie ihm die hübschesten Mädchen als Knaben verkleidet in der Hoffnung zuführte, ihn dadurch zu heilen. Ob ihr das gelungen ist, bleibt zweifelhaft. Immerhin ist bedenkenswert, ob das in den Erzählungen dieser Zeit zu findende knabenhafte Schönheitsideal, das in den Geschichten von »1001 Nacht«

an Frauen oft bewundert wird, mit diesen Neigungen in Zusammenhang steht.

Der Harem war also Brutstätte der verschiedensten sexuellen Vorstellungen und Praktiken, aber auch von Karrierehoffnungen, sowohl von Eunuchen als auch von Söhnen, und den daraus resultierenden Auseinandersetzungen. Um die Situation zu begreifen, kann man einige der zahlreichen Liebesgeschichten aus »1001 Nacht« heranziehen, die oft sehr umfangreich und sehr komplex sind.

Eine wahrscheinlich aus Haremsphantasien entstandene Erzählung ist die von »Kamar ez-Zaman und seiner Geliebten« (bei Gustav Weil »Zeitmond und Morgenstern«). Die Ursprünge dieser sonderbaren Geschichte scheinen tief in ursemitischen, vorislamischen Vorstellungen zu liegen. Sie wurden aber von späteren Schichten überlagert. In ihr ist so viel gebündelt, daß man Scheherazad lauschen muß, um zu begreifen, wie sich das Thema Sexualität – das zu den wichtigsten der oralen Literatur gehört – in den Erzählungen aus »1001 Nacht« entfaltet hat.

[In längst vergangenen Zeiten lebte ein Kaufmann, Abd er-Rahman, der hatte ungewöhnlich schöne Kinder. Seiner Tochter gab er deshalb den Namen Kaukab es-Sabah (Morgenstern), seinen Sohn nannte er Kamar ez-Zaman (Zeitmond, das heißt Mond in seiner schönsten Phase). Er hütete beide ängstlich und hielt sie vor der Welt verborgen, weil er Angst vor den Bosheiten der Menschen hatte. Nach 14 Jahren mußte er aber seiner Frau nachgeben, die meinte, daß es so nicht weitergehen könne. Deshalb nahm er Kamar mit zum Basar, damit man ihn kennenlerne. Dabei plagten ihn eifersüchtige Gedanken:]

Um dich bin voll Eifersucht auf meinen Blick,
Auf mich, auf dich, auf deine Stätte und die Zeit.
Und schlöss' ich dich auch ganz in meine Augen ein,
Ach, deine Nähe würde mir doch niemals leid.
Ja, wäre ich auch jeden Tag mit dir vereint,
Es wär mir nie genug in alle Ewigkeit.

Seine Bewunderung für die Schönheit des Knaben war so grenzenlos, daß er sogar in Tränen sprach:

Ich sah ein Reis auf einem Hügel sprießen,
Dem Vollmond gleich in seinem hellen Schein.

Ich rief: »Wie heißt du?« Und es sagte: »Perle«.
Ich sprach: »Für mich?« Es rief: »Nein, nein!«
Als er diese Verse sprach, ging ein Derwisch vorbei. Der war
nicht minder von der Anmut und Lieblichkeit Kamars entzückt
und pries sie so:
»Als jener schöne Knabe dort im Hause weilte,
Und als der Festesmond aus seinem Antlitz schien,
Da kam ein würdevoller alter Mann des Weges,
Und Ruhe und Bedächtigkeit erfüllte ihn,
An ihm ward der Entsagung Spur geschaut.
Er hatte Tag und Nacht das Liebesspiel gekostet,
Er tauchte in des Guten und des Bösen Reich.
Den Frauen und den Männern hatt' er sich ergeben;
Er ward an Hagerkeit dem Zähnestocher gleich
Und ward ein alt Gebein, bedeckt von Haut.
Er war in jener Kunst ein Mann von Art der Perser,
Der Alte, dem zur Seite sich ein Knabe fand.
In Frauenlieb war er, ein Mann vom Stamm der Asra,
In beiden Dingen kundig und von Lust entbrannt:
Ihm waren Zaid und Zainab gleich vertraut.
Zur Schönen zog es ihn, er liebte heiß die Schöne;
Des Lagers Spur beweinte er, von Schmerz erregt.
Ob seiner großen Sehnsucht glich er einem Aste,
Der sich im Frühlingswinde hin und her bewegt.
Von harter Art ist, wem vor Tränen graut.
Er war erfahren in der Wissenschaft der Liebe
Und spähte wachsam aus für sich zu jeder Zeit.
Er wandte sich zu allem, Leichtem oder Schwerem;
Und schlang die Arme um den Knaben und die Maid.
Zu alt und jung war ihm die Liebe traut.«
Er trat zum Jüngling und gab ihm eine Wurzel des Basilienkrauts;
sein Vater aber griff mit seiner Hand in die Tasche und holte für den
Frommen, was er an Dirhems bei sich trug. Er sprach: »Nimm, was
dir das Glück beut, o Derwisch, und geh deiner Wege!«
[Dennoch blieb der Derwisch sitzen. Weil er von dem Jüngling so
betört war, ließ er es sich nicht nehmen, einer Einladung – einer
islamischen Pflicht der Gastfreundschaft – in das Haus des Kauf-

Die Szene aus der Geschichte von Kamar und seiner Geliebten, die am Anfang
dieser seltsamen und grausamen Erzählung steht, von Fernand Schultz-Wettel.

manns zu folgen. Er wurde empfangen, und der Kaufmann ließ
seinen Sohn zur Gesellschaft des Derwischs im Saal zurück. Der
Kaufmann selber verbarg sich aber, um beobachten zu können,
was sich im Empfangssaal zwischen dem Derwisch und seinem
Sohn zutragen würde. Kamar versuchte nun, den Derwisch zu verführen. Der aber blieb standhaft. Schließlich drohte der Jüngling
dem Derwisch in erpresserischer Weise, ähnlich wie es die Frau
des Potiphar in der biblischen Geschichte mit Josef getan hatte.
Aber auch das führte ihn nicht zum Ziel seiner Wünsche. Der
Kaufmann, in seinem Versteck Zeuge dieser Szene, erkannte die
Güte des frommen Mannes, so daß die intrigante Absicht Kamars
erfolglos blieb. Als der Vater dann vom Derwisch den Grund seiner
Tränen, aber auch seiner Zuwendung zu Kamar erfahren wollte, erzählte der Derwisch ihm eine sonderbare Geschichte:

Es war in Basra, das er an einem Freitag betrat und leer fand. Kein Mensch war zu sehen, Läden und Kaffeehäuser standen offen, in einige ging er hinein und bediente sich. Plötzlich hörte er Trommeln; von Angst getrieben, suchte er ein Versteck, aus dem er die Ereignisse beobachten konnte, deren Ablauf ihn dann in großes Erstaunen versetzte. In einer Gruppe von achtzig unverschleierten Mädchen erschien hoch zu Pferde eine wunderbare Frau, in Gold und Schmuck gehüllt. Alle blieben stehen, als sie Geräusche vernahmen. Unerwarteterweise holten sie einen Mann, der sie angesehen hatte, aus einem Verschlag heraus. Mit ihm wurde kurzer Prozeß gemacht. Dem Befehl der Schönen: »Schlag ihm den Kopf ab!« folgte eine Schwertträgerin, dann ließen sie den Leichnam am Boden liegen und zogen weiter. Der Derwisch entbrannte in Liebe zu der grausamen Herrin – an die er sich jetzt erinnerte, weil Kamar ez-Zaman ihr ähnlich sah. Nachdem die Frauen und die Schöne verschwunden waren und die Menschen langsam wieder die Basare bevölkerten, versuchte der Derwisch, mehr über die Schöne zu erfahren, niemand aber vermochte ihm Näheres zu sagen.

Nachdem Kamar die Geschichte gehört hatte und der Derwisch gegangen war, beschloß er, die schöne Herrin zu finden, in die er sich verliebt zu haben glaubte: »(...) da kam über ihn die Leidenschaft, und es regte sich in ihm der Sehnsucht heiße Kraft.« Nach vielen Diskussionen gelang es ihm, den Vater zu überzeugen, daß es für ihn an der Zeit sei, als Kaufmann auf Reisen zu gehen. Ausgestattet mit Geld und »vierzig Siegelsteinen«, zog er in die Welt hinaus. Auf dem Weg nach Basra aber wurde seine Karawane von Beduinen überfallen, die töteten alle und plünderten sie aus. Nur Kamar, den man für tot hielt, entging dem Massaker. Er hatte auch seine im Gürtel versteckten Steine und Juwelen retten können und erreichte bald darauf alleine Basra. Dort erging es ihm wie dem Derwisch; er erblickte die unbekannte Schöne und wurde augenblicklich von Leidenschaft zu ihr überwältigt. Nach langem Hin und Her und dem Verkauf seiner Talismane kam er zu einem Barbier, dessen Frau ihn in die Hintergründe des von ihm zuvor beobachteten sonderbaren Geschehens einweihen sollte.

Was er von ihr erfuhr, hörte sich nicht minder seltsam an: »Der Sultan von Basra erhielt von dem König von Indien ein Juwel« (in anderen Versionen ist von einer Perle die Rede) und wünschte es durchbohrt zu sehen. Aus Angst davor, sie dabei zu beschädigen, wagte niemand, den Auftrag zu übernehmen. Erst dem großen Meister Obaid gelang das Kunststück des Durchbohrens, und der Sultan gewährte ihm – anstelle einer Bezahlung – die Erfüllung eines Wunsches. Obaid, der seine Frau grenzenlos liebte und sich immer von ihr beraten ließ, bat um Bedenkzeit, um die Auswahl des Wunsches seiner schönen Frau zu überlassen. Sie sagte zu ihm: »(...) wenn du mich wirklich liebst, so erbitte von dem König, er möchte in den Straßen von Basra verkünden lassen, daß alle Einwohner der Stadt am Freitag zwei Stunden vor dem Gebet in die Moscheen gehen; niemand, weder groß noch klein, soll sich in der Stadt anderswo aufhalten als in der Moschee oder im Hause; und dann sollen sie die Türen der Moscheen und der Häuser hinter sich schließen und sollen die Läden der Stadt offen lassen. Ich aber will mit meinen Dienerinnen ausreiten und durch die Stadt ziehen, ohne daß mich jemand durch ein Fenster oder durch ein Gitter sieht; jeden, den ich draußen treffe, will ich töten lassen.« Ihr Wunsch wurde erfüllt.

Kamar fand durch den Rat der Frau des Barbiers den Weg zu dem Haus des berühmten Juweliers, den er bat, seine Steine in Gold zu fassen. Sie erweckten aber die Begehrlichkeit seiner grausamen und schönen Frau. Nachdem der Juwelier, der Scheich Obaid, ihr die Reize und die Schönheit des Besitzers der Juwelen geschildert hatte, verlangte sie, den Jüngling kennenzulernen. Dieser schenkte dem Meister die Ringe, der sich daraufhin veranlaßt sah, ihn in sein Haus einzuladen. Bei alledem folgte der Jüngling den Einflüsterungen, dem Rat und der Hilfe der Frau des Barbiers. So besuchte er den Juwelier, dessen Frau nun den schönen Gast sah. Sie »war von ihm bezaubert«, ließ den Männern einen Trank reichen, durch den sie, von Müdigkeit erfaßt, einschliefen. Sie betrachtete den schlafenden Jüngling und sprach:]

»Wie kann der schlafen, der die Schönen liebt?« Und sie wandte ihn um, so daß er auf dem Rücken lag, und setzte sich auf seine Brust. Überwältigt von wilder Leidenschaft, bedeckte sie seine Wangen mit einem Schauer von Küssen, so daß die Spuren davon auf ihnen zurückblieben, sie wurden hochrot; und die Haut über den Wangen-

knochen leuchtete hell. Dann begann sie an seinen Lippen zu saugen,
und sie sog an ihnen so lange, bis ihr das Blut in den Mund rann;
aber trotzdem blieb ihr Feuer ungelöscht wild, und ihr Durst ward
nicht gestillt. Und immer wieder küßte sie ihn und schloß ihn in die
Arme ein und umschlang Bein mit Bein, bis der Morgen seine
schimmernde Stirn erhob und das Frührot die Welt mit seinen
Strahlen durchwob. Nun legte sie vier Spielknöchel in seine Tasche,
verließ ihn und ging davon.

[Als Kamar nach dem Erwachen seine Wangen sah, dachte er, Mükken hätten ihn gestochen. Obaid bestätigte das und bemerkte: »(...) immer, wenn ein Gast wie du bei mir ist, klagt er am Morgen über die Stiche der Mücken; doch es geschieht nur, wenn er bartlos ist wie du. (...) Es scheint, als ob die Mücken bärtige Männer nicht lieben.« Die Beraterin des Jünglings klärte ihn über die Bedeutung der vier Spielknochen und das Verhalten der Geliebten auf. Sie warnte ihn davor, bei der nächsten Einladung wieder einzuschlafen. Trotzdem wiederholten sich die Ereignisse, nur fand Kamar diesmal in seiner Tasche ein Messer. Die Botschaft war eindeutig: Solltest du noch einmal einschlafen, so werde ich dich töten!

Bei der dritten Einladung vermied es Kamar, den Schlaftrunk zu sich zu nehmen, und blieb wach. So fanden die Liebenden Erfüllung ihrer Wünsche. Danach aber sprach die Frau zu ihm: »Mir genügt nicht eine Nacht mit dir, auch nicht ein Tag oder ein Monat oder ein Jahr; nein, es ist mein Wunsch, mein ganzes Leben lang bei dir zu sein. Aber warte, bis ich meinem Gatten einen Streich spiele, der die Männer des Verstandes irre macht und durch den uns die Erreichung des Zieles entgegenlacht! Ich will Zweifel in ihm erwecken, bis er sich von mir scheidet, so daß ich mich dir vermähle und mit dir in dein Land ziehen kann. (...) Du aber höre auf meine Worte und gehorche mir in dem, was ich dir sage, und handle mir nicht zuwider!« »Ich höre und gehorche! und ich widerspreche dir nicht«, erwiderte er und tat alles, was ihm seine Geliebte befahl. Obwohl er besser daran getan hätte, den Versen der Dichter zu folgen:]

Auf Frauen höre nie; das ist der beste Wahlspruch!
Wer Frauen seinen Halfter gibt, der hat kein Glück.
Wenn er auch tausend Jahre sich um Wissen mühet,
Sie halten ihn von seinem Ziel zurück.

[So erlag Kamar der listigen Halima – das war der Name der geheimnisvollen Dame –, die auch ihren Gatten wirr machte, bis er der Scheidung zustimmte. Kamar zog mit ihr nach Kairo zurück, wo ihm sein Vater einen großen Empfang bereitete.]

Die Nähe des Freunds ist die Krone der Freuden;
Da ist uns der Becher des Glücks geweiht.
Willkommen, willkommen, ein herzlich Willkommen,
Dem Vollmond der Monde, dem Licht unserer Zeit!
Da jetzt der »Mond der Zeit«, der Helligkeit uns leiht,
Von seiner Reise kam, sind Strahlen sein Geleit.
Der Haare dunkle Pracht gleicht seines Fernseins Nacht,
Indes der Sonne Schein aus seinem Antlitz lacht.

[Man war entzückt und verzaubert von der wunderschönen Begleiterin des Kamar, die sich als seine Gemahlin präsentierte. Es dauerte aber nicht lange, und der Vater des Jünglings erfuhr, wer die Schöne wirklich war und wie trickreich sie sich verhalten hatte. Er nannte sie eine Verräterin und erklärte sie für unwürdig, seines Sohnes Gattin zu werden. Er sagte zu Kamar: »Was sie um deinetwillen ihrem Gatten angetan hat, das wird sie dir ebenso antun um eines anderen willen.« Daraufhin sperrte er Halima mit ihrer Sklavin ein und vermählte seinen Sohn mit der Tochter des Scheichs el-Islam, »die noch tausendmal schöner war als die Gattin des Juweliers Obaid.«

Gegen Ende der Hochzeitsfeier, bei der auch die Armen bewirtet wurden, erschien plötzlich der alte Meister Obaid. Er wurde von Abd er-Rahman und seinem Sohn herzlich empfangen. Im Gespräch fragte man ihn, wer denn an der ganzen Geschichte schuld gewesen sei. Da antwortete Obaid: »Bei Allah, deinen Sohn trifft keine Schuld; denn die Männer gelüstet es nach den Frauen, aber es ist die Pflicht der Frauen, daß sie sich von den Männern fernhalten (…)« Darauf entschied Abd er-Rahman, was er seinem Sohn schon vorher mitgeteilt hatte: »Ich will ihm zureden, er solle sich mit seiner Frau aussöhnen, und wenn er in die Versöhnung einwilligt und ihr vergibt, so will ich ihn mit einem Schwert totschlagen und dann auch die Frau und ihre Sklavin töten; denn am Leben eines Kupplers und einer Dirne ist nichts Gutes.«

Es geschah, was geschehen mußte. Obaid ging in das verschlossene Gemach, in dem seine Gattin sich mit der Sklavin befand. Sie zeigte

Das Ende der Geschichte von Kamar und seiner Geliebten.

keine Reue, im Gegenteil, sie hoffte auf die baldige Rückkehr Kamars. Da stürzte Obaid sich auf Halima; dabei »drückte er ihr die Gurgel zu und brach ihr das Genick, und die Sklavin schrie: ›Wehe, meine Herrin!‹ Doch er (das heißt Obaid) fuhr sie an: ›O du Dirne, du trägst an allem die Schuld, da du wußtest, daß diese böse Neigung in ihr lebte, und mir nichts davon sagtest!‹ Dann packte er auch die Sklavin und erdrosselte sie.«

Das erfreute Abd er-Rahman: Er gratulierte Obaid und gab ihm sogar seine eigene Tochter zur Frau, die mit Obaid nach Basra reiste. Nachdem aber ihr Gatte gestorben war, kehrte sie nach Kairo zurück, obwohl der König von Basra sie zu seiner Gemahlin hatte machen wollen. So zeigte sich, daß die Frauen nicht alle gleich geartet sind. »Wer also glaubt, die Frauenart sei überall einerlei, der findet für seinen Wahnsinn keine Arznei.« (VI 432–508)]

Diese in Kürze wiedergegebene Erzählung verrät, daß ihre heute bekannte, niedergeschriebene Form einer ihrer letzten Schichten entspricht, die im 16. Jahrhundert, wenn nicht sogar später entstanden sein dürfte. Das läßt sich sowohl aus der geschilderten Verwendung von Kaffee, der sich erst im 15. Jahrhundert langsam in der arabischen Welt eingebürgert hat, als auch aus einigen Details, die um das mamelukische Ägypten geschildert werden, folgern. Die wiedergegebene Geschichte war sicherlich für Haremsgespräche geeignet, weil sie viele Elemente ansprach, die Frauen im Harem bewegten. Einerseits hatten sie alle den verbotenen Wunsch, auch einmal unverschleiert in die Stadt gehen und unabhängig sein zu können, andererseits sehnten sie sich danach, mit einem einzigen Partner immer zusammen sein zu dürfen und ihn nicht mit anderen Frauen teilen zu müssen. Wahrscheinlich fand man auch eine gewisse Befriedigung bei der verbalen Darstellung der Liebkosungen und der Grausamkeiten, die in Harems nichts Ungewöhnliches waren. In diesem Rahmen wird jedoch eine Geschichte angesiedelt, deren Sujet weit zurückgeht und vorislamische religiöse Wurzeln zu haben scheint. Die altarabischen Vorstellungen von Fruchtbarkeit waren einer Ambivalenz unterworfen, die sich durch eine gewisse Wandlung des Männlichen in das Weibliche manifestierte, die mit den sie bedingenden Mondphasen verbunden war. Zur Erhaltung der Regelmäßigkeit der Naturerscheinungen waren nach alter Auffassung Menschenopfer gefordert. So verwandelt sich der männliche Gott »unvermittelt in eine weiblich-dunkle Regengottheit, und das, was am Ende der Regenzeit getötet wird, ist nicht der ›Vatergott‹, sondern seine weibliche Emanation.« (DAUM, 157)

Es ist nicht möglich, auf die zahllosen mythischen Vorstellungen des semitischen Kulturraumes einzugehen; man kann nur andeuten, daß die Erzählungen aus »1001 Nacht« einer tiefgründigen Analyse bedürfen. Auch hier zeigt sich der mantrische Charakter der dichterischen Sprüche, der nur im Original zum Ausdruck kommt, was sich an dem Wortspiel am Anfang der Erzählung zeigt: *lulu* (Perle), *lili* (für mich), *lala* (nein). Die Symbolik der Perle, des Juwels, ist in vielen religiösen Lehren ausgeprägt. Sie gewinnen und durchbohren zu können, ist schwer und mit vielen Prüfungen verbunden, aber eine Notwendigkeit, was uns in der orientalischen Dichtung vielfach vermittelt wird:

Die ungebohrte Perle ist ein unnütz' Gut,
Und den Besitzer schmücken nur die angereihten. (OHLY, 218)

Das übernahm auch Goethe in seiner Begeisterung für das Orientalische, als er schrieb:

Die Perle, die der Muschel entrann,
Die schönste, hochgeboren,
Zum Juwelier, dem guten Mann,
Sprach sie: »Ich bin verloren!
Durchbohrst du mich, mein schönes All,
Es ist sogleich zerrüttet,
Mit Schwestern muß ich, Fall für Fall,
Zu schlechten sein gekittet.«
»Ich denke jetzt nur an Gewinn,
Du mußt es mir verzeihen:
Denn wenn ich hier nicht grausam bin,
Wie soll die Schnur sich reihen?«
(GOETHE, Wilhelm Meisters Wanderjahre III 1)

Die diesen Zeilen innewohnende Metaphorik ist vielschichtig und umfangreich. Für alle Schichten gibt es mögliche Interpretationen, die zu einer umfassenden Auslegung von »1001 Nacht« führen würden, was in diesem Rahmen jedoch nicht geleistet werden kann. Immerhin soll aber in einem Kontext, in dem die Frau im Zentrum des Interesses steht, nicht unerwähnt bleiben, daß die Perle von alters her in vielen, besonders aber den orientalischen Kulturen jungfräuliche Reinheit symbolisierte. Deshalb ist ihre metaphorische Durchbohrung Bild für die Leben erzeugende Notwendigkeit, die glückbringend sein kann, wenn man behutsam dabei vorgeht, was nicht jedem gegeben ist.

Bezogen auf diese symbolischen Werte, die in den Erzählungen aus »1001 Nacht« verschlüsselt sind, kann man mit Recht fragen, ob sie von den Zuhörern überhaupt noch verstanden werden. Meist wurden und werden nur die vordergründigen Elemente rezipiert, die sich auf sexuelles Verhalten und die dominierende Rolle der Frau, die man verbal bestrafen wollte, beziehen. Trotzdem vermitteln einige der Erzählungen von Scheherazad nicht das Bild einer beugsamen, ergebenen Sklavin,

Die persische Banu-Peri, die zauberhafte Herrscherin in der fast theaterartigen Szenerie von René Bull, kann sich mit der Darstellung des Kalifen Harun er-Raschid (siehe S. 12) messen.

sondern das einer selbstbewußten und auch klugen Frau. In Gestalt der Sklavin Tawaddud triumphierte sie über viele und sogar über gelehrte Männer. Auch in der zauberhaften persischen Geschichte über Peri Banu, das heißt über die »dämonische Herrin« (III 7–85), ist die Frau nicht nur weitsichtiger als die Männer, sondern auch nicht so naiv und blind wie – in ihrem Fall – ihr Prinzgemahl Ahmed.

> *Nachdem Prinz Ahmed glaubte, eine alte Frau gerettet und ihr geholfen zu haben, sprach zu ihm Peri Banu: »Mein Gebieter, ich freue mich zu sehen, daß du so mitleidig und freundlich gegen diese alte Frau bist, und ich will mich gern ihrer annehmen, so wie du es mir aufgetragen hast; doch mein Herz bangt, und ich fürchte sehr, daß deine Güte ein Unheil zur Folge haben wird. Diese Frau ist nicht so*

krank, wie sie sich stellt, nein, sie übt Betrug an dir, und mir ahnt,
daß irgendein Feind oder Neider gegen dich und mich Arges im
Schilde führt.« (III 58)

In diesem Fall erklärt sich das durch ihre zauberhaften Kräfte, die aber – im übertragenen Sinne – Kräfte sind, die viele Frauen haben. Deshalb war es auch in der Geschichte über Kamar es-Zaman die Frau des Barbiers, die ihm mit Rat und Tat zur Seite stehen konnte. Nähere Betrachtung könnte den Eindruck erwecken, daß die Männer aus »1001 Nacht« ohne den Rat und die tatkräftige Hilfe – oder sogar nur der bloßen Anwesenheit – der Frauen lebensunfähig gewesen wären.

Die mächtigen oder starken Frauen werden oft in andere Länder und Zeiten versetzt, um durch ihre Schilderung die islamische Gesellschaftsordnung nicht zu verletzen. Am Beispiel der Erzählungen läßt sich aber auch erkennen, daß sich seit den ältesten Schichten des Textes von »1001 Nacht« eine Wandlung in der Beziehung zwischen Mann und Frau vollzogen hat. Es kann nicht unerwähnt bleiben, daß diese Sammlung – nachdem sie in Europa so besonders populär und kulturell einflußreich geworden ist – im Orient immer weniger beachtet und zum Teil sogar vergessen wird.

Neben zahlreichen höfischen Erzählungen über Prinzessinnen, Königinnen und Haremsdamen gibt es auch solche, die die Frauen aller gesellschaftlichen Stände betreffen. In ihrer Stilistik sind sie daher manchmal grob und sogar vulgär; sie vermitteln gut die Lebendigkeit dieser zeitlosen Betrachtungen. Ein Beispiel dafür kann die Unterhaltung von zwei Frauen über ihren Geliebten sein:

Abu el-'Aina berichtete: Nahe bei uns in der Straße wohnten zwei
Frauen, von denen die eine einen Mann, die andere aber einen
bartlosen Jüngling zum Geliebten hatte. Eines Nachts kamen die
beiden auf dem Dache der einen, das sich neben meinem Hause
befand, zusammen, ohne zu ahnen, daß ich dort war. Da sprach die
Geliebte des Jünglings zu der anderen Frau: »Schwester, wie kannst
du seinen stacheligen Bart ertragen, wenn er dich küßt und wenn
dann sein Kinnbart dir auf die Brust fällt, sein Schnauzbart aber
dir in Lippen und Wangen dringt?« »O du Törin«, erwiderte die
andere, »ist nicht der Baum nur dann schön, wenn er Laub trägt,

und die Gurke nur dann, wenn sie Stachelflaum hat? Hast du je
etwas Häßlicheres in der Welt gesehen als einen Kahlkopf, dem der
Bart ausfällt? Weißt du nicht, daß der Bart für den Mann das
gleiche ist, was die Schläfenlocken für die Frau sind? Was für ein
Unterschied besteht denn zwischen Schläfe und Kinn? Weißt du
nicht, daß Allah, der Hochgepriesene und Erhabene, im Himmel
einen Engel erschaffen hat, der da spricht: Preis sei Ihm, der die
Männer mit Bärten geschmückt hat und die Frauen mit Schläfen-
locken? Wären die Bärte den Locken an Schönheit nicht gleich, so
hätte er sie nicht zusammen genannt! Du Törin, wie könnte ich
daran denken, mich unter einen Knaben zu betten, der eilig sein
Werk tut und schnell erschlafft? Und von einem Manne zu lassen,
der, wenn er Atem holt, mich umfaßt; wenn er eindringt, gemach
handelt; wenn er fertig ist, wiederkehrt; wenn er sich bewegt, vor-
trefflich ist; und sooft er sein Werk beendet hat, wieder von neuem
beginnt?« Ihre Worte waren eine Mahnung für die Geliebte des
Knaben, und so sprach sie: »Ich schwöre meinem Geliebten ab, beim
Herrn der Kaba!« (III 592)

Diese und andere Geschichten, die man in den Harems erzählte, bilden
einen sonderbaren Kosmos. Es ist zu fragen, ob die abendländischen Haremsphantasien mit ihren Odalisken und Sklavinnen, die Hunderte von
Bildern der Orientalisten bevölkerten, tatsächlich dem entsprachen, was
im Orient als Schönheitsideal galt. Grundsätzlich sah das – und sieht es
auch heute noch – in der Realität anders aus als in den europäischen
Imaginationen. Die Feststellung Ettinghausens gibt das wieder, was zu
bedenken ist, wenn man sich der ästhetischen Frage nach dem Schönen
zuwendet:

»In dieser Liebeslyrik liest man, daß die ideale arabische Frau so dick
sein muß, daß sie fast einschläft; daß sie sich mit schwerfälligen
Bewegungen erheben muß, daß sie außer Atem geraten muß, wenn sie
schnell gehen will; daß ihre Brüste rund und voll sein müssen, ihre
Taille schlank graziös; ihr Bauch schlank; ihre Hüften geneigt und ihr
Hinterteil so fleischig, daß sie Mühe hat, durch eine Tür zu kommen.
Ihren Beinen wird nachgesagt, sie seien wie Marmorsäulen, ihr Hals
wie der einer Gazelle, während ihre Arme als wohl gerundet beschrieben
werden, mit weichen, harten Ellenbogen, vollen Handgelenken und

langen Fingern. Ihr Gesicht mit den weißen Wangen darf nicht hager wirken, ihre Augen sind die einer Gazelle, bei denen sich das Weiß des Augapfels deutlich abhebt.« (ETTINGHAUSEN, 33)

Daß die Einschätzungen mancher Bilder aus »1001 Nacht« der Lieblingsfrau Harun er-Raschids entsprechen, läßt sich mit einer kleinen Erzählung illustrieren. Der Kalif beobachtete die badende Zubaida aus seinem Versteck; nachdem sie ihn bemerkt hatte, versuchte sie, ihre Blöße zu bedecken, was ihr nicht gelingen konnte. Das veranlaßte Harun er-Raschid zu den Versen:

Von der Gazelle, die mich ganz bestrickt,
Als ich im Lotusschatten sie erblickt.
Und Wasser floß auf ihren Schoß, so klar,
Aus einer Kanne, die von Silber war.
Als sie mich sah, da hat sie ihn bedeckt;
Doch ihre Hand hat ihn nicht ganz versteckt,
O könnte ich doch glücklich bei ihr sein,
Ein Stündlein oder auch zwei Stündelein! (III 440ff.)

Dies war aber nicht die Regel, obwohl vieles dafür spricht, daß sich im Nahen Osten Üppigkeit als Schönheitsideal durchgesetzt hat. Aber auch andere Beispiele sind zu finden, die auf die Vielfalt weiblicher Reize und ihrer Repräsentantinnen hinweisen. Stellvertretend für andere sei auf die »Geschichte von dem Mann aus Jemen und seinen sechs Sklavinnen« (III 280–298) verwiesen:

Nun hatte er sechs Sklavinnen zu Nebenfrauen, die waren wie Monde anzuschauen; weiß war die erste, braun die zweite; dick war die dritte, schlank die vierte; gelb war die fünfte und schwarz die sechste. Alle aber waren schön von Angesicht und von vollendeter Bildung und verstanden die Kunst des Gesanges und des Saitenspiels.

Diese Geschichte, fast klassisch für den Harem, versucht, in Verse gekleidet, das wiederzugeben, was wahrscheinlich zum Repertoire der Eunuchen gehörte und was die schönen Sklavinnen zur Freude des Kalifen el-Mamun in der Erzählung vortrugen:

Die Heldinnen aus »1001 Nacht« in der Illustration von Fernand Schultz-Wettel geben sowohl orientalistisches Kolorit als auch ihre Vielfalt, von der so oft die Rede ist, wieder.

Die weiße Maid mit glatten und ach so zarten Wangen,
Sie ist wie eine Perle, von Schönheit ganz umfangen.
Ihr Wuchs ist wie ein Alif so schlank; und wie ein Mim
Ihr Lächeln, wie ein Nun die Braue über ihm. (Gemeint sind Buchstaben des arabischen Alphabets.)
Ihr Blick ist wie ein Pfeil, die Brauen wie ein Bogen;
Von dorten kommt dem Herzen der Todespfeil geflogen.
Erscheinet sie, so siehst du im Wuchs und auf den Wangen
Basilie, Rose, Myrte und Heckenröslein prangen.
Das Reis wird wohl im Garten gepflanzt mit allem Fleiß –
Wie viele Gärten sind in deines Wuchses Reis!

Die Schwarzen liebe ich; denn sie vereinen in sich
Der Jugend Farb', des Herzens Kern, des Auges Stern.
Wenn ich das Weiß der Weißen vermeide, ist's kein Irrtum;
Dem grauen Haar, dem Totenhemde bleib ich fern.

Die Dunklen, doch die Weißen nicht,
Sind meiner Liebe recht und wert.
Die Dunklen ziert der Lippe Rot;
Auf Weißen glänzt ein Aussatzherd.
Ich liebe nicht die Weißen, die von Fett gedunsen;
Ich liebe nur die Dunklen, die Schlanken und Gewandten.
Ich bin ein Mann, der nur das straffe Füllen reitet,
Am Renntag; doch ein andrer besteig' den Elefanten!

Mein Lieb kam eines Nachts zu mir,
Und da umarmten wir uns schnell.
Dann ruhten wir; doch ach, gar bald
Stieg schon der Morgen auf, so hell.
Ich bitte Allah, meinen Herrn,
Daß Er uns wieder bald verein
Und mir die Nacht bewahr, solang
Wir ruhen im Beisammensein.

So schwer wie die geschwollne Blase ist sie gar;
Zwei aufgetürmten Bergen gleicht ihrer Lenden Paar.
Schleppt sie im Land des Westens sich hin mit ihrem Schritt,
So bebt durch ihre Schwere zugleich der Osten mit.

Ihr leuchtend Gelb ist wie der Sonne Strahlenschein;
Und sie entzückt das Auge wie Golddinare fein.
Der gelbe Safran auch kann ihrem Glanz nicht gleichen;
Ja, selbst der Mond muß gar vor ihrer Schönheit weichen.

Geheimnisvoll sind Braune; wenn ihren Sinn du kenntest,
So fänden Weiß und Rot nicht deiner Augen Gunst.
Sie haben feine Rede, verführerische Blicke
Und lehrten wohl Harut noch neue Zauberkunst.

Grundsätzlich offenbart »1001 Nacht« die Einstellung des Islam gegenüber der Sexualität, die als Geschenk Gottes betrachtet wird, das den Männern auch noch im Paradies zuteil wird.

> *Und drin die guten auch und schönen*
> *Huris in ihren Zeltvorhängen:*
> *Die nie zuvor berührt hat einer*
> *Der Menschen oder Genien;*
> *Wo sie auf grünen Kissen lehnen*
> *Und Teppichen, den schönen;*
> *Gepriesen sei der Name deines Herren, der*
> *Mit Ehrfurcht ist zu nennen.* (Koran, Sure 55:70ff.)

Diese faszinierende Perspektive – die sich in Europa mit der Kritik puritanischer Ansichten zu decken schien – ergab sich aus den begeisternden Bildern, die »1001 Nacht« vermittelte. Die Popularität dieser Bilder war so groß geworden, daß man neue Geschichten im gleichen Duktus geschaffen hat, so etwa François Pétis de la Croix in seinem »Tausendundein Tag. Persische Märchen« (1710–1712).

So begann eine neue Epoche der Beziehungen zwischen Morgen- und Abendland. Von naiver Begeisterung bis zum »Clash of civilisations«, der möglicherweise durch den zeitlosen Geist einer ewig schönen und klugen Scheherezad überwunden werden könnte, zieht sich die unendliche Geschichte dieser Kontakte, die auch jetzt noch kein Ende hat.

VII. DIE ERZÄHLUNGEN AUS »1001 NACHT« LEBEN WEITER

Zu Beginn des achtzehnten Jahrhunderts trug A. Galland durch die Veröffentlichung seiner Übersetzung von »Tausendundeine Nacht« (1704–1717), die einen enormen Einfluß ausüben sollte, entscheidend dazu bei, das Gefallen an Orientalischem zu nähren. Von da an sah man den Islam nicht mehr als das Land des Antichristen, sondern im wesentlichen als das einer exotischen, malerischen Kultur, die in einer Märchenwelt voller guter oder böser launischer Geister existierte – all das zum Entzücken eines Publikums, das schon so viel Gefallen an europäischen Märchen gezeigt hatte. (RODINSON, 52f.)

Der ersten französischen Version (1704ff.) der Erzählungen aus »1001 Nacht« folgten bald weitere europäische Übersetzungen, englische (1706), deutsche (1711), italienische, spanische, russische und polnische, um die wichtigsten zu nennen. Durch sie wurden Tore geöffnet, durch die sich über das Abendland der Duft eines »Orientgefühls« ausbreitete, das bis in Zeit des Ersten Weltkrieges andauerte. Aber auch danach sind die Erzählungen aus »1001 Nacht« nicht verschwunden. Sie sind weiter literarisch verarbeitet worden, sogar dann, wenn sie nicht gelesen wurden, wie das Jorge Luis Borges formuliert hat.

Die Problematik der früheren Rezeption ist von unzähligen Begegnungen zwischen Orient und Okzident geprägt; das Orientalische beeinflußte das Abendländische und umgekehrt. Dadurch entstand ein Nährboden, auf dem sich ein Exotismus entwickeln konnte, der die ganze Welt erfaßte. Das Fremde als Orientalismus im Westen, genährt durch die Themen aus »1001 Nacht«, fand sein Spiegelbild im Nahen und Fernen Osten, wo man begann, dem Europäischen zu huldigen, das man dort ebenfalls als exotisch empfand. Das hing nicht nur mit dem europäischen Kolonialismus zusammen, der die Lücke füllte, die das schrumpfende Osmanische Reich hinterlassen hatte, sondern auch mit einer Tradition, die – wie bereits im Mittelalter und in der Frührenais-

In Anlehnung an die monumentalen Bilder der Orientalisten-Maler entsteht im 18. und 19. Jahrhundert eine Reihe typischer Orientdarstellungen, repräsentiert unter anderem durch arabische Reiter und Pferde.

sance – durch einen ständigen Austausch zwischen den nur scheinbar getrennten Welten des Ostens und Westens geprägt war.

Der Orient begeisterte die Reisenden aus dem Westen in einer Weise, die kaum ihresgleichen hatte. So schrieb die exzentrische Lady Mary Wortley Montagu im 18. Jahrhundert:

»Der Fluß Maritza (in Arianopel), vor alters der Hebrus, an dem sie liegt, trocknet jeden Sommer aus, was viel dazu beiträgt, die Stadt ungesund zu machen. Jetzt ist er ein schöner Strom, über den zwei herrliche Brücken gebaut sind. Ich war neugierig genug, um in meiner türkischen Kleidung, die mich genügend unkenntlich machte, den Basar zu besehen. Doch ich bekenne, ich war nicht recht ruhig, als ich dort so sehr viele Janitscharen sah; aber sie wagten es nicht, ein Frauenzimmer zu beleidigen, und machten mir mit so vieler Ehrfurcht Platz, als wenn ich in meiner englischen Aufmachung erschienen wäre. Der Basar ist eine halbe englische Meile lang, mit gewölbter Decke, und wird außerordentlich reinlich gehalten. Er enthält dreihundertfünfundsechzig

Läden, die mit allen Arten reicher Kaufmannsgüter versehen sind, die hier ebenso wie in der New Exchange zu London zum Verkauf ausgestellt sind. Allein das Pflaster ist weit sauberer und die Läden so reinlich, sie scheinen gerade eben erst neu gestrichen. Müßige Leute aus allen Ständen gehen hier zu ihrer Belustigung spazieren oder vertreiben sich die Zeit mit Kaffee- oder Sorbettrinken, die hier wie Orangen und Zuckerwerk in unseren Schauspielhäusern feilgeboten werden.« (Montagu, 143f.)

Umgekehrt sieht man auch in Berichten aus dem Orient, daß man dort manche europäische Einrichtungen bestaunte und bewunderte. So bemerkte Hatti Efendi, der türkische Gesandte in Wien, 1748 über die dortige Oper:

»Sie haben in Wien ein Schauspielhaus, vier oder fünf Stockwerke hoch, um ihre Stücke vorzuführen, die sie Komödie und Oper nennen. Dort treffen sich Männer und Frauen jeden Tag, außer an den Tagen, wenn sie sich in der Kirche versammeln, und meistens kommen der Kaiser und die Kaiserin selbst zu ihren reservierten Logen. Die hübschesten jungen Mädchen und die schönsten jungen Männer, in goldenen Gewändern, führen verschiedene Tänze und wunderbare Darbietungen vor; wenn sie mit den Füßen auf die Bühne trommeln, bieten sie ein seltenes Schauspiel. Manchmal stellen sie Geschichten aus der Alexanderlegende dar, manchmal Liebesgeschichten, deren vernichtende Blitze die Hüter der Geduld und Gelassenheit in Flammen setzen.« (Lewis, Welt, 262)

Infolge solcher nicht immer einwandfrei rekonstruierbarer Begegnungen entwickelte sich auch ein religionskultureller Austausch, dessen Spuren sowohl in der Literatur als auch in der bildenden Kunst des Mittelalters Niederschlag gefunden haben. Mit dem scheinbar fernen Morgenland verband man Fremdes und Exotisches, Sonderbares und Zauberhaftes, Traumhaftes und Phantastisches, das das europäische Bewußtsein bis in die Neuzeit ebenso unterschiedlich wie nachhaltig geprägt hat. In diesem Kontext spielen die Erzählungen aus »1001 Nacht« eine oft schwer faßbare Rolle, deren zahlreiche Aspekte, besonders in bezug auf ihre frühere mündliche Rezeption, noch nicht ausreichend untersucht worden sind.

Die Inspiration, die im 18. und 19. Jahrhundert von ihnen ausging, beflügelte schließlich nicht nur die neu entstandene, phantastische und esoterische Literatur, die der Moderne den Weg bereitete – repräsentiert von illustren Gestalten dieser Zeit wie zum Beispiel Jacopo C. Casanova, Alexander Graf von Cagliostro (eigentlich Josef Balsamo), William Beckford und Jan Potocki –, sondern auch die bildende Kunst, die von Anfang an diese Erzählungen als Stoff für viele Bilder und später auch für Bauten nutzte. Neben zahllosen Illustrationen entstanden als bewußte Anknüpfungen an »1001 Nacht« historische Palast- und Hotelbauten. Sie reichen vom noch existierenden »Excelsior Hotel« am Lido von Venedig bis zum »Alladin Hotel« in Las Vegas. Sie waren inspiriert nicht nur durch orientalische Vorlagen – wie der Palastarchitektur Indiens –, sondern auch durch die Wiederentdeckung maurischer Architektur in Spanien (Andalusien), unter anderem von der bis heute von Touristen überlaufenen Alhambra in Granada.

Die Reisen ins Morgenland zu den Stätten aus »1001 Nacht« waren seit dem 18. Jahrhundert immer beliebter geworden. Mit dem Feldzug Napoleons nach Ägypten (1798/99) erfolgte dann eine Wende zur modernen Forschung. Auch Spanien, das für Orientbegeisterte gleich hinter den Pyrenäen anfing, gewann neues, unerwartetes Interesse. Die literarischen Reiseberichte von Washington Irving und Théophile Gautier eröffneten eine Reihe begeisterter Darstellungen, die dem Geiste von »1001 Nacht« entsprechen.

Irving begnügte sich nicht nur damit, die »Wunder« der maurischen Kultur zu beschreiben, sondern versetzte den Leser in die Landschaft und Architektur Andalusiens. So erzählte er in der »Sage von den drei schönen Prinzessinnen« über den maurischen König und seine drei Töchter, die Drillinge waren. Die Ereignisse spielten sich in einem Palast ab, der der Alhambra ähnelt:

Die für die Infantinnen hergerichtete Wohnung war so zierlich und schön, wie sie nur arabische Phantasie ersinnen konnte. Das neue Heim der Königstöchter befand sich in einem Turm, der etwas abseits vom Hauptpalast der Alhambra stand (...) Das Innere des Turms war in kleine, herzig schöne Gemächer geteilt. Sie waren in feinstem arabischen Stil gehalten, und kunstvolles Zierwerk schmückte ihre Wände. Diese wundervollen Kemenaten umgaben eine hohe Halle, deren gewölbte Decke fast bis zur Spitze des Turms hinaufreichte. Hier konnte man Arabesken, sinnvolle Inschriften, Stuckarbeiten

und Stalaktiten bewundern sowie zahlreiche in Gold und
glänzenden Farben gehaltene Fresken. Der Boden war mit weißen
Marmorplatten belegt und in der Mitte stand ein fein gearbeiteter
Alabasterbrunnen (...) (IRVING, 156)

Man erinnert sich an Duktus und Beschreibung der Messingstadt (IV 208ff.), so stark war die Wirkung der einmaligen Erzählungen.

Théophile Gautier verarbeitete in seinem romantischen literarischen Werk seine spanischen Reminiszenzen, in denen auch »1001 Nacht« durchscheint, zum Beispiel in der orientalisierenden Erzählung »Fortunio« (1837). Seine – weil er auch Maler war – sehr bildhaften Berichte wurden von Gustave Doré illustriert. Diese Illustrationen vermittelten auch für die Allgemeinheit die orientalisierenden Visionen, die im 19. Jahrhundert so populär wurden.

So entstand eine merkwürdige Atmosphäre, in der es kaum einen Schriftsteller, Musiker oder Maler gab, der nicht dem Reiz des Orientalischen verfallen gewesen wäre. Gustave Flaubert reiste zusammen mit Maxime Du Camp in den Orient; ersterer hinterließ Reiseberichte, die allerdings nicht nur Begeisterung widerspiegeln. Der Autor von »Salambo« wird manchmal sarkastisch, ironisch und ist der Realität nahe, wenn er bemerkt: »Die ganze Nacht lang Jucken von Floh- und Mückenstichen.« Trotzdem konnte er sich dem Zauber des Orients nicht verschließen, den sein Reisebegleiter Du Camp als einer der ersten auf Lichtplatten festhielt; Du Camp brachte erstmals einen Photoband über den Nahen Osten, »Egypte, Nubie, Palestine et Syrie« (1852), heraus.

Der französische Dichter Gérard de Nerval war demgegenüber orientbegeisterter; seine Erzählungen sind märchenhaft und atmen den Duft Kairos. Er traf den Duktus und Rhythmus der Erzähler am Nilufer und erweiterte das Repertoire von »1001 Nacht«, in dem er die Geschichte des Salomo und der Königin von Saba erzählte, die er jeden Abend in einem Kairiner Kaffeehaus gehört haben wollte:

Während des ganzen Abends wirkte der König bedrückt. Balkis gab
sich kühl, fast ironisch: Sie wußte, daß Soliman in sie verliebt war.
Das Essen verlief schweigsam. Die Blicke des Königs, verstohlen auf
sie gerichtet oder gezwungen abgewandt, schienen denen der

Nach dem Vorbild der orientalischen Kaffeehäuser, in denen Märchen erzählt wurden, die »1001 Nacht« entsprungen sein könnten, entwickelte sich auch in Europa das literarische Kaffeehaus. Im Orient wurde es möglicherweise nach den Harems und Karawansereien zu einem weiteren Ort, an denen die Erzählungen zu neuen Sammlungen aus »1001 Nacht« geführt haben.

Königin auszuweichen, die, bald gesenkt, bald in schmachtender, verhaltener Liebe gehoben, in Soliman Illusionen wieder erweckten, derer er Herr bleiben wollte. Sein konzentrierter Gesichtsausdruck ließ auf irgendeinen Plan schließen. Er war ein Sohn Noahs, und die Fürstin bemerkte, daß er, getreu den Gewohnheiten des Vaters des Weinstocks, beim Wein die Lösung suchte, die ihm fehlte. Die Höflinge zogen sich zurück, und an die Stelle der Offiziere des Fürsten traten Stumme; da die Königin von ihren Leuten bedient wurde, tauschte sie die Sabäer gegen Nubier aus, die der hebräischen Sprache nicht mächtig waren.

»Fürstin«, sagte Soliman Ben-Daoud ernst, »es bedarf einer Aussprache zwischen uns.«

»Ihr kommt meinem Wunsch zuvor.«

»Ich hatte geglaubt, daß die Fürstin von Saba zu ihrem Wort stehen würde, daß sie mehr noch als eine Frau eine Königin sei ...«

»Und das Gegenteil ist der Fall«, unterbrach ihn Balkis lebhaft; »ich

bin mehr als eine Königin, ich bin eine Frau! Wer irrte sich nicht?
Ich hielt Euch für weise, dann für verliebt ... Ich bin es, die die grau-
samste Enttäuschung erlebt hat.«
Sie seufzte.
»Ihr wißt nur zu gut, daß ich Euch liebe«, entgegnete Soliman;
»sonst hättet Ihr schließlich nicht Eure Macht mißbraucht und ein
sich aufbäumendes Herz mit Füßen getreten.«
»Die gleichen Vorhaltungen wollte ich Euch machen. Ihr liebt nicht
mich, sondern die Königin. Und offen gestanden, bin ich denn in
einem Alter, da eine Vernunftheirat erstrebenswert erscheint? Nun
ja, ich gebe es gern zu, ich wollte Eure Seele ergründen:
Zartfühlender als die Königin, wollte die Frau, die Staatsräson
beiseite schiebend, ihre Macht genießen: Geliebt zu werden, das war
ihr Traum. Sie hat Euch auf die Probe gestellt, indem sie die Ein-
lösung eines ihr unvermittelt abgerungenen Versprechens hinaus-
schob. Sie hoffte, daß Euch nur an einem Sieg über ihr Herz gelegen
sei, aber sie hat sich getäuscht. Ihr seid mit Aufforderungen,
Drohungen zu Werk gegangen; Ihr habt bei meiner Dienerschaft
politische Winkelzüge angewandt und seid bereits mehr ihr Gebieter
als ich. Ich hoffte einen Gatten, einen Geliebten zu finden, dabei
habe ich einen Herrn zu fürchten, Ihr seht, ich spreche ganz offen.«
»Wenn Soliman Euch lieb gewesen wäre, hättet Ihr dann nicht Fehler
verziehen, die nur der Ungeduld entsprangen, Euch zu gehören?
Aber nein, Ihr habt in ihm nur einen Gegenstand des Hasses gesehen,
nicht für ihn ...«
»Haltet ein, König, und fügt zu den Verdächtigungen, die mich ver-
letzt haben, nicht noch eine Beleidigung hinzu. Mißtrauen sät Miß-
trauen, Eifersucht schüchtert das Herz ein; ich fürchte, daß die Ehre,
die Ihr mir erweisen wolltet, mich meinen Frieden und meine
Freiheit gekostet hätte.«
Der König schwieg; er wagte nicht weiterzugehen, nur auf die Be-
hauptungen eines gemeinen, heimtückischen Spions hin, um nicht
alles zu verderben.
Die Königin fuhr mit vertraulicher, reizender Anmut fort: »Hört
Soliman, seid ehrlich, seid Ihr selbst, seid nett. Meine Illusion ist mir
noch kostbar ... mein Verstand ist geschlagen, aber ich fühle, wie
wohl mir wäre, ganz beruhigt zu sein.«

»Ach Balkis, Ihr würdet alles Sorgen fahren lassen, könntet Ihr in diesem Herzen lesen, in dem Ihr uneingeschränkt herrscht! Wir wollen meine Zweifel und die Euren vergessen, und nun sagt endlich ja zu meinem Glück. O nichtige Macht der Könige! Was bin ich denn zu Füßen von Balkis, der Hirtentochter, anderes als ein armer Wüstenaraber?«

»Euer Wunsch deckt sich mit dem meinigen, Ihr habt mich verstanden. Ja«, fuhr sie fort, indes sie ihr zugleich unschuldiges und leidenschaftliches Gesicht dem Haar des Königs näherte, »ja, es ist die Nüchternheit der hebräischen Heirat, die mich lähmt und abschreckt: Liebe, nur Liebe hätte mich verführen können, wenn ...«

»Wenn? ... Sprecht zu Ende, Balkis. Der Tonfall Eurer Stimme dringt mir durch Mark und Bein und entflammt mich.«

»Nein, nein ... Was wollte ich sagen, welch eine plötzliche Verwirrung? ... Diese süßen Weine haben ihre Tücken, ich fühle mich ganz erregt.«

Soliman gab ein Zeichen: Die Stummen und die Nubier füllten die Becher, der König leerte den seinen mit einem Zug und stellte befriedigt fest, daß Balkis es ihm gleichtat.

»Ihr müßt doch zugeben«, fuhr die Königin unbeschwert fort, »daß die Heirat nach jüdischem Ritus gewiß nicht für den Gebrauch von Königinnen geschaffen wurde und daß sie lästige Begleitumstände aufweist.«

»Wenn ich Euch liebte!« rief der Fürst aus, indem er von seinem Diwan hochsprang. »Das sagt Ihr! Hat denn je eine Frau unumschränktere Macht besessen? Ich war aufgebracht, Ihr besänftigt mich nach Belieben; schwere Sorgen bedrücken mich, ich versuche, sie zu verscheuchen. Ihr täuscht mich, ich fühle es, aber ich verbünde mich mit Euch, um Soliman zu hintergehen ...«

Balkis hielt ihren Becher über den Kopf und wandte sich mit einer aufreizenden Bewegung ab. Die beiden Sklaven füllten die Humpen, dann zogen sie sich zurück.

Der Festsaal war leer; das nachlassende Licht der Lampen warf einen geheimnisvollen Schimmer auf Soliman, der blaß, mit glühenden Augen und zitternden, farblosen Lippen dasaß. Eine seltsame Mattigkeit befiel ihn: Balkis beobachtete ihn mit einem zweideutigen Lächeln.

Plötzlich besann er sich wieder ... und sprang von seinem Lager hoch.
»Frau!« rief er aus. »Hofft nicht, noch länger mit der Liebe eines
Königs scherzen zu können ...; die Nacht deckt uns mit ihren
Schleiern, Geheimnis umgibt uns, eine glühende Flamme lodert in
meinem ganzen Körper, Wut und Leidenschaft machen mich
trunken. Diese Stunde gehört mir, und wenn Ihr es ehrlich meint,
dann enthaltet Ihr mir nicht länger ein so teuer erkauftes Glück vor.
Ihr sollt herrschen, frei sein, aber stoßt nicht einen Fürsten zurück,
der sich Euch ausliefert, den Verlangen verzehrt und der in diesem
Augenblick mit den Mächten der Hölle um Euch kämpfen würde.«
Verwirrt und mit klopfendem Herzen schlug Balkis die Augen nieder
und antwortet:
»Laßt mir Zeit, mich zu besinnen; diese Sprache ist neu für mich ...«
»Nein!« unterbrach sie Soliman berauscht, in dem er vollends den
Kelch leerte, aus dem er soviel Kühnheit schöpfte; »nein, meine
Geduld ist zu Ende. Für mich geht es um Leben oder Tod. Frau, du
wirst mir gehören, das schwöre ich. Wenn du mich betrügst ... werde
ich mich rächen; wenn du mich liebst, wird mir eine ewige Liebe
deine Vergebung erkaufen.«
Er streckte die Hände aus, um das junge Mädchen zu umfassen, doch
er umarmte nur einen Schatten; die Königin war langsam zurück-
gewichen, und Daouds Sohn ließ seine Arme schlaff herabfallen. Sein
Kopf sank nach vorn; schweigend und von einem plötzlichen Zittern
erfaßt ließ er sich auf seinen Sitz niedersinken. Seine erstaunten
Augen öffneten sich mühsam, das Verlangen erstarb in seiner Brust,
in seinem Kopf drehten sich die Dinge. Sein dumpfes, fahles, von
einem schwarzen Bart umrahmtes Gesicht spiegelte ein unbestimm-
bares Entsetzen; seine Lippen öffneten sich, ohne einen Ton hervor-
zubringen, und sein vom Gewicht des Turbans schwerer Kopf fiel
auf die Kissen des Lagers nieder. Unsichtbare, drückende Fesseln
würgten ihn, er wollte sie in Gedanken abschütteln, aber seine
Glieder gehorchten der nur eingebildeten Anstrengung nicht mehr.
Die Königin näherte sich ihm langsam und ernst. Grauen packte ihn,
als er sie vor sich stehen sah, die Wange auf die abgewinkelten
Finger gelegt, während sie mit der anderen Hand den Ellbogen
stützte. Sie beobachtete ihn. Er hörte noch, wie sie sprach und sagte:
»Das Betäubungsmittel wirkt ...«

Die schwarzen Pupillen Solimans kreisten in der weißen Höhe seiner Sphinxaugen, aber er blieb reglos liegen.

*»Also gut«, fuhr sie fort, »ich gehorche, ich gebe nach, ich bin Euer! ...«
Sie kniete nieder und berührte die eisige Hand Solimans, der einen tiefen Seufzer ausstieß.*

»Er ist noch wach ...«, murmelte sie. »Höre, König von Israel, der du gewaltsam Liebe mit Unterdrückung und Verrat erzwingen willst, höre: Ich entgleite deiner Macht. Wenn dich auch die Frau hinterging, die Königin hat dich nicht betrogen. Ich liebe, doch nicht dich; das Schicksal erlaubte es nicht. Da ich von einem dir überlegenen Geschlecht abstamme, mußte ich meinen Schutzgeistern gehorchen und einen Gatten von meinem Blut wählen. Deine Macht versagt vor der ihrigen; vergiß mich. Adonai soll dir eine Gefährtin erwählen. Er ist groß und hochherzig: Hat er dir nicht Weisheit gegeben und dir damit deine Dienste gut gelohnt? Ich überlasse dich ihm und entziehe dir die nutzlose Hilfe der Geister, denn du verschmähst sie und wußtest ihnen nicht zu gebieten ...«

Und Balkis ergriff den Finger, wo sie ihr Geschenk an Soliman, den Talismanring blitzen sah, um ihn wieder an sich zu nehmen; aber die Hand des schwer atmenden Königs krallte sich mit letzter Kraft zusammen, schloß sich verkrampft, und Balkis mühte sich vergebens, sie zu öffnen.

Eben wollte sie wieder zum Sprechen ansetzen, da fiel Solimans Kopf zurück, seine Halsmuskeln entspannten, sein Mund öffnete sich, die halbgeschlossenen Augen wurden trübe; seine Seele war in das Reich der Träume entflogen.

Alles schlief im Palast von Millo, ausgenommen die Diener der Königin von Saba, die ihren Gastgeber eingeschläfert hatten. In der Ferne grollte der Donner, Blitze durchzuckten den schwarzen Himmel, die entfesselten Winde peitschten den Regen gegen die Berge.« (NERVAL, 599–721)

Es ist nur ein Fragment einer langen Geschichte, die im Orient – besonders in Äthiopien bis zum heutigen Tag – lebendig war und die erkennen läßt, wieviel Stoff es in der mündlichen Tradition gab und gibt, um weitere Erzählungen zu weben und sie sogar aufschreiben zu lassen.

Diese ersten von »1001 Nacht« inspirierten Generationen standen der zu erforschenden Welt des Ostens auch sachlich gegenüber. Gleichzeitig konnten sie sich der Faszination des Orients nicht entziehen, und so entstand das Klima, in dem die schon angesprochene Romantik gedeihen konnte. Sowohl de Nerval als auch Flaubert griffen zu den an der Epochenschwelle zwischen Klassizismus und Romantik entstandenen Reiseberichten von Johann Ludwig Burckhardt und Alphonse de Lamartine. Man partizipierte auch an den Gütern des Orients, man begehrte seine Luxusprodukte (Teppiche, Keramik, Rüstungen, Kleider und sogar Getränke wie Kaffee, Tee usw.). Sie verstärkten das Bedürfnis nach dem Exotischen, das in der Kunst seit ihren Anfängen eine besondere Rolle gespielt hat. In ihr entstand der Eindruck einer »orientalischen Klassik«, in der »1001 Nacht« einen besonderen Platz einnahm und zum Synonym des Orients wurde. In den berühmten Erzählungen verbanden sich orientalische Erfahrungen und Vorstellungen, die zwischen China und dem maurischen Andalusien entstanden waren und die sich langsam mit einem »islamischen Firnis« überzogen hatten – wie das seinerzeit Enno Littmann, der profilierteste Kenner der Materie und Übersetzer der Erzählungen von »1001 Nacht«, bezeichnet hat.

In einer solchen Atmosphäre konnte man es auch nicht nur bei der französischen Version der Gallandschen Erzählungen aus »1001 Nacht« belassen. Einerseits erschienen sie mit ihren 218 Nächten unvollständig, andererseits glaubte man, noch größere arabische Sammlungen von »1001 Nacht« finden und erwerben zu können. Man begab sich begierig auf die Suche nach neuen Erzählungen der klugen Scheherazad. Die Suche war erfolgreich; es tauchten neue Sammlungen arabischer Versionen auf. Damit war eine Grundlage für neue Übersetzungen geschaffen. Joseph von Hammer-Purgstall, Habicht, Heinrich L. Fleischer, Edward William Lane und Richard Burton edierten im 19. Jahrhundert neue arabische Sammlungen beziehungsweise brachten Übersetzungen heraus, die das bisherige Programm um ein Vielfaches erweiterten. Sie wurden auch zu einem Teil neuer wissenschaftlicher Beschäftigung mit dem Orient und orientalischen Sprachen in Frankreich, England und Deutschland.

Diese Studien des Orients kommen heute in der immer noch aktuellen und nicht abgeklungenen Orientalismus-Debatte zum Ausdruck. Vor dem mit der Rezeption der Erzählungen von »1001 Nacht« zusammenhängenden kulturgeschichtlichen Hintergrund entstand eine

Okzidentalisch-orientalische Atmosphäre in Konstantinopel/Istanbul, wo man im
19. Jahrhundert deutlich spürte, daß sich das Osmanische Reich und mit ihm der
Vordere Orient ebenso verwestlichte, wie Europa sich orientalisierte.

anfänglich einseitig geführte Diskussion um Edward Saids Werk
»Orientalismus« (1978), in dem der palästinensische Literaturprofessor
seine Sicht des Orients als Imagination der Abendländer vermittelt, die
im realen Orient keine Entsprechung habe. Dabei vergißt er, daß »1001
Nacht« – unabhängig von der Qualität der Übersetzungen – in erster
Linie eine autochthone und nicht eine in sie hineinprojizierte Sicht des
Ostens beinhaltet. Das Arabische kennt imaginäre, wunderbare und
phantastische Geschichten und Erzählungen, die allerdings erst von
Abendländern bearbeitet und klassifiziert, dabei aber kaum verändert
worden sind. Der Vorwurf Saids, daß man den Orient in Europa falsch
gesehen habe, ist unbegründet und einseitig. Es handelt sich in erster
Linie um mental bedingte unterschiedliche Anschauungen, die sich
nicht auf einen Nenner bringen lassen. Paradoxerweise basiert die
tendenziöse und gewollte Kritik Saids nicht auf orientalischen Ansichten, sondern auf seiner westlich geprägten Bildung und Ideologie.
Dementsprechend kam auch aus dem ideologisch links geprägten Lager
ein positives Echo. Die Euphorie für Saids Ideen, der in seinem weiteren
Buch »Kultur und Imperialismus« (1993, dt. 1994) nicht auf die gegen

seine Meinung geäußerten Einwände eingegangen ist, läßt erkennen, wie schwierig es ist, über die Beziehungen zwischen Orient und Okzident zu sprechen. In seinem marxistisch geprägten Urteil hat Said übersehen, daß es neben Gesichtspunkten der Politik und Wirtschaft auch hiervon wenig berührte Formen der Kultur gibt. Das zentraleuropäische und insbesondere das deutsche wissenschaftliche Interesse für den Orient ist von ihm kaum berücksichtigt worden, was er auch zugibt.

Für ihn gibt es nur westliche Imaginationen vom Orient, zu denen auch »1001 Nacht« gehöre. Diese Imagination sei schon bei Galland entstanden und habe in Europa zur Bildung des ethnozentrischen Orientalismus geführt. Diese sehr subjektive Einschätzung von »1001 Nacht« kann nicht geteilt werden. Sie wird hier nur wegen der besonderen Popularität seiner Thesen angesprochen.

Trotz der berechtigten Kritik an seiner Sicht, zum Beispiel durch den sehr moderaten, ebenfalls marxistisch geprägten Orientalisten Maxime Rodinson, aber auch durch den in Princeton lehrenden Engländer Bernard Lewis, der Said heftig kritisiert hat, hat dieser seine Thesen nicht zurückgenommen. Er scheint sich im Gegenteil seines Urteils so sicher zu sein wie die theokratisch geprägten Kalifen aus »1001 Nacht«. Said hebt die Bedeutung des Imperialismus als unabdingbares und negatives Merkmal der europäischen Staaten hervor, verkennt aber gleichzeitig die Existenz des islamischen, insbesondere des osmanischen Imperialismus. Ausgehend von der eigenwilligen Vorstellung einer »Literaturkomparatistik«, die zwischen Antonio Gramsci und Georg Lukács, also zwischen einem »romanischen« und einem »germanischen« Marxismus, pendelt, versucht er seine Untersuchungen zu begründen, indem er mit einem unscharfen Begriff von Kultur arbeitet und sich dabei ideologisch so verhärtet, daß man von einer epigonalen Essayistik im Dienste der Ewiggestrigen sprechen kann. Eine harsche, aber in der Sache berechtigte Kritik an den Saidschen Thesen übt deshalb der Nestor der angelsächsischen Orientalistik Lewis, indem er deren Unwissenschaftlichkeit anprangert:

»Sein (das heißt Saids) Orient ist auf den Nahen Osten reduziert und sein Naher Osten auf einen Teil der arabischen Welt. Indem er einerseits türkische und persische Studien und andererseits semitische Studien ausschließt, reißt er die arabischen Studien aus ihrem historischen wie philologischen Kontext heraus. Die Dimensionen seiner Orientalistik in Zeit und Raum sind ähnlich begrenzt.

Die Entdeckung des Orients verband sich mit der Türkei, die damals schon nicht mehr der Schrecken des Abendlandes war. Die Hagia Sophia war 1453 zur Moschee und zum Symbol des Sieges des Islam über das Christentum geworden.

Um seine These zu beweisen, nimmt Mr. Said eine Neuordnung der Geographie wie der Geschichte der Orientalistik vor, verlegt die Hauptentwicklung der Arabischstudien nach Großbritannien und Frankreich und datiert sie *nach* der britischen und französischen Expansion in der arabischen Welt. (...) Er zeigt einen erschreckenden Mangel an Kenntnis darüber, was Gelehrte tun und was Gelehrsamkeit eigentlich ist. (...) Abgesehen davon, daß Mr. Said eine bislang unbekannte Theorie der Erkenntnis liefert, bringt er eine Verachtung für die wissenschaftliche Leistungen der modernen Araber zum Ausdruck, die schlimmer ist als alles, was er seinen teuflischen Orientalisten zuschreibt. (...) Eine der verwirrendsten Eigentümlichkeiten in Mr. Saids ›Orientalism‹ ist eben diese idiosynkratische, zugleich arrogante und erfindungsreiche Art, wie er mit Fakten umgeht, auf die er angeblich sein Buch stützt. (...) Mr. Saids Einstellung gegenüber dem arabischen und dem übrigen Orient, wie sie in seinem Buch zum Ausdruck kommt, ist weit negativer als die der arrogantesten europäischen imperialistischen Autoren, die er verurteilt.« (LEWIS, Kaiser, 185–198)

Ohne auf weitere fachspezifische Details eingehen zu können, ist festzuhalten, daß nur eine korrekte historische Sicht die Problematik erklären und lösen könnte. Die Anfang des 18. Jahrhunderts entstandene Popularität orientalischer Themen hat nichts mit der europäischen Expansion zu tun, aber gewisse modisch-ideologische Ansätze versuchen oft, beinahe märchenhafte Strukturen zu schaffen, um mit ihrer Hilfe auch »1001 Nacht« in den Dienst des Kapitalismus stellen zu können.

Wie gezeigt worden ist, war im Westen das Interesse für das Morgenland aufgrund ständiger Konfrontationen immer vorhanden, nicht nur in der Spätantike und im Mittelalter, sondern auch in der Neuzeit, was die ständigen Bedrohungen der Ostsüdflanke Europas notwendig gemacht hatten. Eine große Wende trat nicht nur als Folge der neuzeitlichen geographischen Entdeckungen ein (die man fälschlich unter dem Stichwort »europäische Expansion« zu subsumieren sucht), sondern vor allem auch durch den Untergang des Byzantinischen Reiches als Folge der osmanischen Expansion, die erst mit den Schlachten bei Lepanto/Naupaktos (1571) und Wien (1683) zum Stehen gebracht werden konnte. Die Jahrhunderte andauernde Konfrontation mit den neuen Machthabern am Bosporus führte zu einer neuen ununterbrochenen Auseinandersetzung mit den türkisch-orientalischen politisch-kulturellen Konfigurationen, in denen schließlich auch die moderne Beschäftigung mit dem Stoff aus »1001 Nacht« anzusiedeln ist. Zwar bleiben auch hier viele Fragen offen, zum Beispiel die nach den unterschiedlichen Quellen des epochemachenden Werkes des Neapolitaners Giambattista Basile, »Lo cunto de li cunti o vero lo trattenimiento de li peccerille« (posthum 1634–36, deutsch als »Das Pentamerone«, erst seit 1846 vollständig bekannt), das sowohl im Aufbau – fünf Tage zu jeweils zehn Erzählungen – als auch in der Motivwahl eindeutig an »1001 Nacht« anknüpft. Der Autor selbst diente als Offizier auf Kreta und nahm an den kriegerischen Auseinandersetzungen mit der Türkei teil. Seine Mohren-, Sklaven-, Tier- und Feengeschichten sind durch den mittelmeerischen Filter gegangen und vermitteln alles, was dieser Kulturtiegel zwischen Südeuropa, Afrika und Asien an Vorstellungen hatte entstehen lassen.

Die neue Hinwendung zum Orient nach dem Sieg über den »Unbesiegbaren und alleinigen Weltherrscher«, wie sich der Kalif in Konstantinopel bezeichnete, erzeugte ein zunehmendes Interesse für das Osmanische Reich und seine Kultur, das für Europa nun nicht mehr bedrohlich erschien. Man konnte sich nun seiner Exotik und seinen

Sonderbarkeiten widmen, ohne in Gefahr zu geraten, gefährliche Konflikte zu verursachen. Die Begegnungen fanden nicht nur auf politischem, auf »diplomatischem Parkett« statt, sondern auch mit den längst vergessenen Christen des Orients, die meist unter dem Schutz des russischen Reiches standen, und den Juden, die sich seit ihrer Vertreibung aus Spanien 1492 unter den Osmanen besonderer Rechte erfreuten. Sie konnten sich viel intensiver am kulturellen Austausch beteiligen, nicht zuletzt auch, weil sie sich seit dem 18. Jahrhundert unter türkischem Protektorat erneut in Österreich niedergelassen hatten. So bahnte sich eine neue Zeit an, in der Vorstellungen sowohl revidiert als auch nachvollzogen werden konnten, die bislang durch »1001 Nacht« über den Orient vermittelt worden waren. Ob dadurch auch das Interesse für den fabulierenden Stoff lokaler europäischer Traditionen angeregt wurde, mag die Folkloristik und Märchenforschung beantworten. Die historische Entwicklung spricht jedenfalls dafür; viele Motive der abendländischen Märchen sind voller Spuren aus »1001 Nacht«.

Seit der Intensivierung der Kontakte zum Osmanischen Reich wurde das höfische Leben Europas von einer »Turkomanie«, aber auch »Tulpomanie« erfaßt. Letztere hat eine Vielzahl von Blumenbildern der Niederländer hinterlassen; erstere hat unter anderem Opernlibretti beeinflußt, zum Beispiel das der »Entführung aus dem Serail« (Uraufführung 1782 in Wien) von Wolfgang Amadeus Mozart. Durch das Übergewicht des Osmanischen Reiches als scheinbarem Sinnbild für den gesamten Orient ist eine wechselseitige Spiegelung von Vorstellungen entstanden, die als Imitation des Orients galt. Das Orientalische wurde auf das Türkische reduziert, die Helden aus »1001 Nacht« wurden türkisch kostümiert. Was sich jenseits befand, wurde nicht mehr unbedingt als orientalisch begriffen, man sprach dann lieber von Persien, Indien, China oder sogar Japan.

Mit der Popularität von »1001 Nacht« und seiner Verbreitung wurde auch das Interesse an orientalischer Literatur geweckt. Man beschäftigte sich besonders mit dem persischen Schrifttum, unter anderem mit Firdausi († 1030) und seinem Epos »Schahname«; mit Nizami († 1180) und seiner »Hamsa«; mit Omar Chajjan (um 1034–1123) und seiner Ruba'ijat-Dichtung; mit Hafiz (eigentlich Muhammad Schams ed-Din, um 1327–1390) und seiner Lyrik. Diese Rezeption reichte bis zu deutschen Übersetzungen und Nachahmungen dieser persischen Literatur durch den ersten großen »1001 Nacht«-Forscher Joseph Freiherr von Hammer-

Scheherazad-Ballett von Nikolai Rimsky-Korsakow, Entwurf von Leon Bakst

Purgstall, bis zu den romantischen Dichtungen Friedrich Rückerts und dem »West-östlichen Diwan« (1819) von Johann Wolfgang von Goethe. Ähnliches vollzog sich auch in der übrigen europäischen Literatur. Die Hinwendung zu »1001 Nacht« beeinflußte die gesamte phantastische Literatur in jeder erdenklichen Ausprägung. Davon profitierte sowohl die klassische als auch die Trivial- und Abenteuerliteratur, die zum Teil bildhaft mit vergleichbaren Motiven orientalischer Sujets ausgestattet war. Man erinnere sich der im Orient spielenden Romane von Karl May (zum Beispiel »Durch Wüste und Harem«, »Im Lande des Mahdi«, »Die Sklavenkarawane«) oder Jules Verne (zum Beispiel »Keraban der Starrkopf«), um zu erkennen, was alles auf »1001 Nacht« zurückgeführt werden kann. Schließlich entstanden auch die viel gelesenen Kriminalromane von Agatha Christie, der Ehefrau des bekannten englischen, im Vorderen Orient tätigen Archäologen Mallowan, die aus diesem Geiste entstanden sind. Der Orient wurde zur vielseitigen, aber auch vielschichtigen Quelle kultureller Ergötzung. So glaubte Austen Henry Layard bei seiner Entdeckung von Nimrud tatsächlich, die verschüttete Messingstadt wiedergefunden zu haben.

Die Faszination durch das Orientalische erfaßte auch die bildenden Künste bis hin zur Musik und bis zu ihren szenischen Ausstattungen. Mit

Eunuch von Leon Bakst für das Scheherazad-Ballett von Nikolai Rimsky-Korsakow.

dem Ballett »Scheherazade« (Uraufführung 1910 in Paris) zur symphonischen Suite (1888) von Nikolai Rimsky-Korsakow und den dazu von Leon (Lew) Bakst entworfenen Kostümen wurde »1001 Nacht« ein unvergeßliches Denkmal gesetzt. Das geschieht auch im Ballett »Der Feuervogel« von Igor Strawinsky (Uraufführung 1910 in Paris), in dem ein Urmotiv, das in der Sindbad-Geschichte als Vogel Ruch vorkommt, fortlebt.

Im 19. Jahrhundert steigerte sich auch in Europa das Interesse für die eigene alte mündliche Tradition. Es herrschte ein Zeitgeist, in dem man überall Folklore und Märchen sammelte. Es entstanden Museen mit folkloristischen und ethnographischen Kollektionen, es wurde die Herausgabe des erzählerischen und dichterischen Volksgutes, auch der Lieder, begonnen und gefördert. Albert Ludwig Grimm hat eine populäre Ausgabe von »1001 Nacht«, die bis 1900 in 21 (!) Auflagen erschien, herausgebracht. Manches davon floß in die bekannte Sammlung der »Haus- und Kindermärchen« (1812) seiner Verwandten, der Gebrüder Grimm, ein. Achim von Arnim und Clemens M. Brentano sind mit des »Knaben Wunderhorn« (1806–08) nur ein weiteres deutsches Beispiel unter vielen anderen europaweit.

Diese Sammeltendenz initiierte eine intensive Sagen- und Märchenforschung, die zusammen mit der Form- und Gattungsgeschichte auf dem Gebiet der Bibelexegese zur Erfassung und Klassifizierung der Märchenmotive für die gesamte mündliche Tradition führte. Ob diese Motivklassifikation, die für alle Märchentypen von dem finnischen Forscher Atti A. Aaarne durchgeführt und von S. Thompson erweitert worden ist, auch für »1001 Nacht« angewendet werden kann, muß angesichts der Untersuchungen von Elissief in Frage gestellt werden. Die Komplexität und der Umfang der Erzählungen läßt kaum zu, sie mustergültig zu klassifizieren. Bezogen auf »1001 Nacht« lassen die Ergebnisse erkennen, daß in arabischen Sammlungen alle nur erdenklichen Formen und Gattungen (Erzählungen, Novellen, Fabeln, Sagen, Schwänke usw.) zu finden sind, die für die lange, sehr unterschiedliche Entstehungsgeschichte dieser Erzähltradition sprechen.

Vor einem so ausgedehnten Panorama erscheint die Ikonizität von »1001 Nacht« um so problematischer und undurchsichtiger. Sowohl die »großen« als auch die angeblichen »Klecks-Maler« (wie Wilhelm Busch einige seiner Kollegen nannte) waren an der Gestaltung dieser Ikonizität beteiligt. Das Problem wird jedoch nicht einfacher, wenn man bedenkt, daß es für viele der Illustratoren nur um die praktische Anwendung ihrer Möglichkeiten in Dienste der Buchgestaltung ging. Für viele war das – nach heutigem Sprachgebrauch – nur ein »Job». Deshalb benutzten einige Künstler bei diesen Illustrationen ein Pseudonym beziehungsweise blieben anonym. Das Medium »illustriertes Buch« orientierte sich im 19. Jahrhundert oft am Geschmack des Publikums und nicht an den Tendenzen der Avantgarde, die zeitgenössisch sowieso nicht von Bedeutung war. Umgekehrt verhielt sich das in der Kunstgeschichte, die die Zeichner, Maler und Stecher, die das damalige Massenmedium Buch illustrierten, kaum zur Kenntnis nahm, sich dafür aber um so mehr der Avantgarde widmete, von der damals nur wenige wußten oder berichteten.

Die Illustrationen zu »1001 Nacht« bilden eine breite Palette interpretatorischer Möglichkeiten. Unter der Vielzahl der Illustratoren und

Wie sich der Wandel in der Rezeption der Erzählungen aus »1001 Nacht« vollzieht, läßt die expressionistisch anmutende Darstellung der Mardschana aus der Geschichte von Ali Baba von Fritz Flebbe erkennen. Es geht hier um mehr als nur Dekor.

Künstler können in diesem Rahmen nur wenige genannt werden, etwa Clément Pierre Marillier, Gustave Doré, William Strang, Joseph Benwell Clark, John Dickson Batten, Henry Justice Ford, A. Rackham, Edmund Dulac, Edward Julius Detmold, Max Slevogt, Oskar Larsen, Fritz Flebbe, Willy Planck, Fernand Schulz-Wettel, René Bull, Marc Chagall und einige zeitgenössische Grafiker wie Karl Otto Bachmann, Horst Lemke (Lemont). Dazu kommen bekannte Stecher, die die Bilder (Platten) oft signierten, zum Beispiel Jean Louis Joseph Lacoste, von dem mehr als 700 Illustrationen der Weilschen Ausgabe von 1865 bekannt sind.

Zwischen einigen Illustratoren lassen sich Verbindungen und gegenseitige Beeinflussungen erkennen, aber auch Momente gleicher Konnotation, die sich aus der illustrativen Funktion des Bildes ergeben. Dabei spielten die unterschiedlichen Tendenzen des Historismus, der an den großen kulturgeschichtlich geprägten Entdeckungen und Horizonterweiterungen partizipierte, eine wichtige Rolle. Hierhin gehörte abermals die Zuwendung zum Orient, die sich seit dem Ende des 17. Jahrhunderts in allen Bereichen des kulturellen Lebens manifestierte. Das wurde noch durch das wissenschaftliche Interesse an Sprachen, Kulturen und der Umwelt der Bibel – die seit alters her schon immer illustriert worden war – verstärkt. Reisen, archäologische Forschungen sowie orientalische Studien und Erkundungen, aber auch die politisch bedingte Expansion markierten eine neue Zeit, die das Tor zur Moderne eröffnete. Schlagwörter wie Romantik, Revolution, Restauration, aber auch Kapitalismus, Proletariat und Bürgertum stehen für einen Wandel, der seinen Niederschlag auch in einer sehr gestiegenen Buch- und Zeitschriftenproduktion gefunden hat und der auch für die Verbreitung und Rezeption von Illustrationen entscheidend geworden ist.

Neben namentlich bekannten Illustratoren – abwertend als Zeichner, Grafiker oder Designer bezeichnet – gab es auch viele, die der »großen Kunst« angehörten und der Buchgestaltung offen gegenüber standen. Das hing auch mit der in Mode gekommenen Vorstellung von einem Gesamtkunstwerk zusammen (»Red House-Kreis«, William Morris, Wiener Werkstätte). Daneben finden sich auch Beispiele, die zwar keine direkte Verbindung zur Buchgestaltung aufweisen und keine Bildfolgen zu Erzählungen geschaffen haben, die aber durch »1001 Nacht« wenn nicht inspiriert, so doch stimuliert worden sind. In diesem Zusammenhang sind unzählige Bilder von Odalisken und Haremsszenen zu sehen, die fast sprichwörtlich eine Imitation des Imaginären darstellen. Sie sind nicht aus eigener Anschauung, sondern aus der Rezeption von »1001 Nacht« entstanden. Dazu gehören sowohl die Bilder eines Jean-Auguste-Dominique Ingres und seiner französischen Kollegen und Schüler, unter anderem Delacroix und Géricault, als auch die des exzentrischen aristokratischen Malers Lord Frederic Leighton, der sogar sein Haus im Holland Park in London in »arabischem Stil« errichten ließ, was im viktorianischen England besonders unter den Präraffaeliten beliebt war. Auch im übrigen Europa lassen sich vergleichbare Tendenzen beobachten, die dazu führten, daß viele deutsche und österreichische Maler im britischen Empire ein Auskommen fanden und populär wurden, zum Beispiel Ludwig Deutsch und Rudolf Ernst. Sie gehörten zu den sogenannten Orientalisten, die eine sonderbare Synthese zwischen Orient und Okzident gewagt haben. Ihre Bilder finden inzwischen immer größere Anerkennung, obwohl man sie lange Zeit als Kitsch bezeichnet hatte. Heute, wo der Orient von neuem im Zentrum des Interesses steht, werden diese Bilder immer stärker beachtet. Im Gegensatz zur orientalischen Ikonographie versinnbildlichen sie nicht nur Szenen, sondern auch entsprechende Stimmungen, die den Erzählungen der Scheherazad beinahe ebenbürtig sind. Aber auch die avantgardistische Kunst partizipierte an der orientalistischen Strömung. Paul Klee, Louis Moilliot und August Macke unternahmen eine gemeinsame Reise nach Tunis (1914) und ließen sich dabei von der Aura leiten, die von »1001 Nacht« ausging.

Diese Tendenzen der »großen Kunst« können in unterschiedlicher Intensität an den diversen Illustrationen zu »1001 Nacht« nachvollzogen werden. Unter ihnen findet man Versuche, die auf die orientalische Buchmalerei zurückgreifen (heute werden einige Ausgaben nur mit solchen Bildern, ohne exakten semantischen Bezug, ausgeschmückt) und sie zur Grundlage orientalisch-stilisierter Imaginationen werden lassen. So hat Edmund Dulac eindeutig eine Anlehnung an persische Miniaturen gesucht, obwohl er sich gleichzeitig dem präraffaelitischen Duktus nicht entziehen konnte und im englischen »Jugendstil« eine gewisse Eigenständigkeit fand. Ein Blick auf sein die Sindbad-Erzählungen eröffnendes Bild scheint das zu bestätigen (siehe S. 58). Die nähere Betrachtung läßt jedoch erkennen, daß sie sich im Laufe der Zeit einer fast Art-deco-artigen Umwandlung unterzogen haben, obschon sie nicht so weit gingen wie bei René Bull (siehe S. 173). Der Bilderwelt des gebürtigen Franzosen Dulac lagen einerseits die historisierende Tradition der Malerei des 19. Jahrhunderts und seine orientalischen Studien (er lernte unter anderem Hebräisch, Persisch und sogar Chinesisch), andererseits die »Neuheiten«, die um die Wende von 1900 sichtbar wurden, zugrunde. Die ausgeprägte Buchkunst des Kreises um William Morris, die sich beispielsweise mit dem Jugendstil und mit Heinrich Vogeler verbinden läßt, kann das bestätigen. Diese stilistischen Möglichkeiten haben bei Dulac die ausgeprägt ästhetisierende Tendenz einer traditionellen Kunstauffassung mit einer langfristigen Wirkung hervorgebracht. Trotz seines frühen Ruhms geriet er in den fünfziger bis achtziger Jahren des 20. Jahrhunderts in Vergessenheit, weil seine Art der Darstellung nicht

Basare, orientalische Straßenszenen, bewegen sich zwischen grotesken und realen
Spiegelungen des Orients, so in einer der Illustrationen von René Bull.

mehr der avantgardistischen entsprach. Heute entdeckt man seine Illustrationen in ihrer einmaligen Ausstrahlung voll gewollter Geheimnisse, aber auch voll Ironie, die besonders in den imaginären Szenen des
orientalischen Alltags zum Vorschein kommen, wieder. So wie man in
einigen seiner Portraits von Prinzessinnen und märchenhaften
Schönheiten den Duft der Bilder eines Franz Xaver Winterhalter zu
atmen glaubt, meint man in den anderen eine sonst nur Märchen innewohnende typische Zeitlosigkeit zu spüren, die eine Illusion des zwar
nicht Realen, aber dennoch Möglichen erzeugt. Das Mögliche als das
Menschliche – manchmal in Ironisch-Humoristischem eingeschlossen
– wird in eindringlicher Deutlichkeit erfaßt. Von ihm gebildete Zeichen
des Orientalischen wie menschliche Physiognomien, Kleidung (Turbane,
Stoffe und ihre Farbigkeit), Tiere (besonders das Kamel), Landschafts-
und Architekturelemente (siehe oben) lassen sich als unbewußte Kon-

Die Stiche des 19. Jahrhundert mit dem türkischen Sujet passen sich sehr gut der Atmosphäre der Gallandschen Version von »1001 Nacht« an.

notationen des Fremden, des nicht Alltäglichen, des nicht Abendländischen erkennen. Es entsteht die Illusion einer anderen Welt. Dulac gelang es, in seiner Bildsprache eine klare Abgrenzung zwischen Raum und Zeit herzustellen. Die bildliche Erfassung des zeitlos Märchenhaften wurde damit fast perfekt. Die von ihm auf diese Weise vermittelte Zeitentrückung hat gleichzeitig eine poetische Vision des ewig Vergänglichen in der Sammlung von »1001 Nacht« geschaffen, das in der Dichtung eine quasi mystische Lebendigkeit wiedergefunden hat:

> *Immer kommt einer empor und spricht: »Das bin ich!«*
> *Strebt nach Reichtum, Silber und Gold und spricht:*
> *»Das bin ich!«*
> *Wenn sein Geschäftchen blüht, kommt plötzlich*
> *Der Tod aus dem Hinterhalte hervor und spricht:*
> *»Das bin ich!«* (OMAR CHAJJAN, 199)

Nach Dulac hat auch Gilbert James in seinen Illustrationen zu den Rubajjat-Dichtungen des Sufi-Mystikers Omar Chajjan gefunden. Obwohl er sich zum Teil der gleichen stilistischen Mittel – in Anlehnung an Präraffaeliten, Symbolisten, den »Modern Style« von William Morris – wie sein Zeitgenosse bediente, blieb sein Versuch doch hinter dem aus Toulouse stammenden großen Märchenillustrator zurück, der auch Bilder zu einer englischen Ausgabe des Omar Chajjan geschaffen hat. Das Expressionistische fand sich auch bei anderen Künstlern dieser Epoche, die jedoch nicht in der Lage waren, die wunderbare und irreale Welt des Zauberhaften so zu vermitteln wie Dulac. Bei ihm kann man deshalb von der Ikonizität des Zauberhaften sprechen, die Dulac auch in den Illustrationen zu den europäischen Märchen (zum Beispiel zu den Grimmschen oder denjenigen von H. C. Andersen) gelang. Man kann das Phänomen am Beispiel der besonders populären »Sieben Reisen von Sindbad dem Seefahrer« nachvollziehen. Bei einer so langen Tradition eines literarischen Stoffes, darf auch nicht verwundern, daß schon im Orient dazu sehr früh Bilder entstanden waren, die zum Beispiel das Motiv der Errettung durch den gigantischen Vogel Ruch zum Inhalt hatten. Dieses Motiv ist von den meisten Illustratoren gestaltet worden. Immer wird das Irreale als das Mythische ins Zentrum der Aufmerksamkeit gestellt, um das Phantastische hervorzuheben. Mit dieser Wundergeschichte werden Symbole assoziiert, die sich bis zum altägyptischen Phönix zurückverfolgen lassen und die immer andere Arten eines sagenhaften Vogels erzeugen, einmal des Feuervogels, ein anderes Mal des Goldvogels. Immer jedoch stehen sie stellvertretend für himmlische Erscheinungen, die uns fast in allen Religionen begegnen und damit nur bedingt mit dem Orient zu tun haben. Sie bestätigen den universellen Anspruch des Märchenhaften, das über räumliche Grenzen hinausführt, die nur als Kulisse, als imaginäre Formen für das Andere, für das Wahre dienen. Ohne die Bedeutung und Vielschichtigkeit mythisch orientierter Erzählungen, zu denen auch die aus »1001 Nacht« gehören, außer acht zu lassen, kann festgehalten werden, daß die Abenteuer des Sindbad neben Dulac auch schon Gustave Doré (1863) und Max Slevogt (1908) angeregt haben. Die Konzentration auf die Imagination des Orients und seine Besonderheiten erkennt man als Gemeinsamkeit aller Illustratoren. Die Menschen des Orient werden charakterisiert durch die Kleidung (Turban, lange Gewänder, sehr an die türkischen angelehnt), oft auch die Rasse (besonders durch die Schwarzen repräsentiert), die Umgebung wird durch eine Palme, eine Moscheekuppel oder ein Minarett hervorgehoben. Die Stimmung ist manchmal bis ins

Komische überzeichnet, das Irreale, Phantastische gewinnt die Oberhand. Das reicht bis in die Gegenwart und findet sich sowohl in Film und Architektur, zum Beispiel in den von den Europäern in Marokko errichteten Bauten, als auch in vielen anderen Bereichen. Sogar triviale Werbung greift immer noch zu der abgedroschenen Metapher »wie aus 1001 Nacht« und hofft, damit Vorstellungen anzusprechen, die durch die kindlichen Erinnerungen an morgenländische Märchen fest in der Psyche verankert sind.

Dulac dagegen wollte den Leser, beziehungsweise den Betrachter, in das dargestellte Geschehen einbeziehen, nicht Distanz, sondern Unmittelbarkeit sollte entstehen. Das gelang ihm mittels seiner Gabe, Menschen bildlich zu charakterisieren, zuweilen bis zur Groteske, die zum Lachen bringt. Hierfür kann die Szene mit den Schriftgelehrten stehen, bei der deutlich wird, wie unscharf die Grenzen zwischen Ernst und Lächerlichkeit sind. Der Betrachter nimmt kaum wahr, daß die orientalische Kostümierung einer Situation stattfindet, die eher zu den gelehrten Republiken der englischen Colleges von Oxford oder Cambridge passen würde als zu einem orientalischen Disput, in dem niemals so viele Brillenträger zu finden gewesen wären.

Eine ganze Generation von Zeichnern und Illustratoren wurde von orientalischen Imaginationen geprägt. Ihre Visionen waren nicht minder zauberhaft als die Erzählungen aus »1001 Nacht«, die in sie eingeflossen waren. In einer Untersuchung über die Illustrationen zu »1001 Nacht« – die hier zum Teil wiedergegeben worden ist – hat der Autor versucht zu zeigen, wie viel durch das Prisma von »1001 Nacht« rezipiert und dargestellt worden ist. Karl Mühlmeister gelingt es, manchmal noch mehr als Dulac, das reale und stimmungsvolle Bild des Orient zu vermitteln. Er deutet Architektur an, die derjenigen Kairos ähnelt; die Stimmung schwankt zwischen den ägyptischen Visionen eines David Roberts und dem romantisierenden Zug des Pinsels von Géricault oder Delacroix, wenn das Licht in den Straßen bei ihm einen impressionistischen Eindruck erweckt. Man erinnert sich der Aquarelle Slevogts von seiner Ägyptenreise (1914). Die Korrespondenz zwischen den Kunsttendenzen ist in den Illustrationen immer gegenwärtig. So lassen zum Beispiel die Haremszenen von Larsen (siehe S. 129) oder die Frauenbilder von Schulz-Wettel die großen Vorbilder spüren, die zu den beliebten Motiven vieler Salons des 19. Jahrhunderts gehört hatten. Manche Abbildungen waren nur in Stiche umgesetzte große Kompositionen. So findet sich zum Beispiel diejenige von John Frederic Lewis bei der Gallandschen Edition aus dem Jahr 1865 als Stich.

Man darf in diesem Kontext nicht vergessen, daß die meisten Illustrationen zu »1001 Nacht« die für Kinder und Jugendliche adoptierten Bearbeitungen eines Stoffes begleiten, der ursprünglich nicht für Kinder gedacht war. Das führte dazu, daß die wissenschaftliche Literatur, die sich mit der Bebilderung der Bücher beschäftigt, besonders mit derjenigen der Märchen (die Erzählungen aus »1001 Nacht« wurden zum Teil durch eine bewußte Umwandlung des ursprünglichen Textes erst zu solchen gemacht), primär nicht von den Kunsthistorikern bearbeitet worden ist. Andererseits entstanden kleine bebilderte Editionen für »Erwachsene«, die – mit dem Schwerpunkt Erotik – ein Genre gepflegt haben, das man heute freier behandelt, zum Beispiel bei der Illustrierung der Weissschen Ausgabe durch Horst Lemke oder der der »Neuen Liebesgeschichten aus Tausendundeine Nacht« durch Otto Bachmann. Das hat reiche Blüten entstehen lassen, nicht nur im Geiste des einflußreichen und orientalisch geprägten Aubrey Beardsley, der Bachmann in seine Linearität und Plakativität einbezog, sondern auch in einem fiktiven Historismus. Hier findet man auch Illustrationen von Schulz-Wettel, die eindeutig erotisierend wirken konnten, sowie Miniaturen der Mogulzeit (1530–1858), die zwar nicht in direkter Verbindung zum Text stehen, aber den indisch-islamischen Charakter, auch von »1001 Nacht«, gut wiedergeben.

Techniken und Stile sind sehr verschieden. Zwischen großen farbigen, perspektivisch-körperlich strukturierten Darstellungen und leichten Federzeichnungen findet man eine ganze Skala von Möglichkeiten, die sowohl die künstlerischen Tendenzen als auch die Notwendigkeit des Buches und die Erwartungen des Publikums zu berücksichtigen versuchten. Beispiele mögen das verdeutlichen:

»Gustave Doré kreierte mit seinen Bildern eine orientalische Welt, die in Realien eingebettet einen geschehnisreichen Aktionismus voller Imaginationen wiedergibt. Er setzte Szenen ikonisch in einer Weise – narrativ – um, die der Monumentalität der Bilder seiner akademischen Kollegen entsprungen sein konnten. Er überschreitet dabei alle bis dahin erfahrbaren Grenzen des Kompositorischen; Prunk und Plüsch des Historismus werden überdeutlich. Seine Werke sind eklektisch, sie partizipieren sowohl an der Ikonizität eines Delacroix (zum Beispiel Der Tod des Sardanapal, 1827/28, 392x496 cm, Louvre), als auch an den unzähligen Haremsimitationen seiner großen Malerkollegen, die man ersatzweise ebenso zu begehren begann wie die in ihnen dargestellte Schönheiten. Die Kumulation aller nur erdenklichen Motive des scheinbar Orientalischen als des Phantastischen wirkt dabei skurril und unglaublich – zugleich aber auch reizvoll. Man entdeckt bei ihm immer neue Motive, immer neue Situationen, die das Auge zum Verweilen einladen. Die Ikonizität verselbständigt sich, in dem sie durch ihre narrative Qualität beinahe ein eigenes literarisches Genre erzeugt. Das Bild wird zum Wort, Wort zum Mythos! Diese sonderbare ›Fleischwerdung‹ wirkt auf den Betrachter, der plötzlich von einer Imitation gefangengenommen wird, nach der er in seiner Phantasien und Sehnsüchten gesucht hat. Dieser Illusionismus – stellvertretend am Beispiel Dorés gezeigt – steht im Gegensatz zu dem, was später E. Dulac geschaffen hat: eine distanzierte Welt, die man nur in Träumen (und Märchen) betreten kann. Dennoch bemühte er sich, diese irreale Ikonizität mindestens im mentalen Sinne so zu gestalten, daß der Betrachter sich in eine orientalische Atmosphäre versetzt fühlen kann.« (SCHOLZ, Illustrationen, 209)

Selbstverständlich bietet der Text von »1001 Nacht« fast grenzlose Möglichkeiten für immer neue Illustrationen als Abbild von Motiven, als bildliche Umsetzung von Exempla eines beinahe mittelalterlichen Handbuches von Parabeln und Metaphern, deren bildhafte Sprache eine ikonische Manifestation herausfordern. Deshalb sind die Beispiele aus »1001 Nacht« so vielschichtig und vielseitig, weil sie in ihren Aussagen immer aktuell bleiben, obwohl sie in archaischer Zeit entstanden sind und erst im Mittelalter fixiert wurden.

Die Zahl der verschiedenen Ausgaben und der an ihnen beteiligten Zeichner ist für die Jahre 1890–1920 kaum zu übersehen; eine vollständige Bearbeitung und Katalogisierung ist nicht in Sicht. Unsere Aufmerksamkeit wird durch eine imaginäre Vorstellung von der Frau und der Sexualität im Orient erweckt. Die Illustrationen der populär gewordenen Ausgaben von »1001 Nacht« hatten eine Wirkung, die man noch nicht in allen Konsequenzen durchdacht hat. Lange Zeit, wenn nicht sogar noch heute, wird das gängige Bild vom Orient durch die Brille der Sehnsucht nach »1001 Nacht« geprägt. Es ist ein utopisches Bild, nicht eines kollektiven islamischen Paradieses, sondern der

Realisation einer individuellen unbewußten Hoffnung, dorthin gelangen zu können, woher man nur in »1001 Nacht« zurückkehren kann – von wo aber noch niemand zurückgekommen ist –, was uns Hamlet glaubhaft zu vermitteln sucht.

Zwar haben die neuen Medien die traditionellen Buchillustrationen durch puppenhafte Figuren, Disneyland-Produktionen und -Phantasien mit Erfolg verdrängt. Es blieb aber ein Bedürfnis nach einer Einheit zwischen Text und Bild bestehen. Noch um 1850 wurden »1001 Nacht«-Ausgaben mit den gleichen Stichen ausgestattet wie die damaligen Reiseberichte. So finden sich unter den textbezogenen Abbildungen auch Darstellungen von Mekka oder anderen weniger bekannten Orten. Der Stil nähert sich der narrativen Art der Abbildungen in der Abenteuerliteratur. Einen besonderen Charakter haben die Illustrationen der bekannten Künstler, deren Subjektivität zu sonderbaren Darstellungen führte.

Als Beispiel sei Marc Chagall genannt, der zahlreiche Lithographien auch zum Alten Testament entworfen hat und eine Vorliebe für angewandte Kunst hatte. Seine Bilder sind unverwechselbar. Man muß sich lange mit seiner Sprache auseinandersetzen, um sie zu begreifen. Er versucht, Mythisches festzuhalten, indem er bildlich den Weg von der Erde zum Himmel als einen Schwebezustand darstellt. Hier sind bei ihm Ansätze einer kabbalistischen Sicht zu erkennen, besonders wenn man sich an seine früheren Werke aus seiner ukrainischen Heimat erinnert. Kurt Moldovan schreibt hierzu: »Im Grunde illustriert Chagall nicht die Handlung dieser Geschichten aus Tausendundeiner Nacht, sondern entzieht der jeweiligen Fabel sozusagen ihren Duftstoff, das spezifische Aroma, welches durch die farbige Zeichnung versprüht wird.« (MOLDOVAN, 36) Der ausgeprägte Individualismus Chagalls läßt eher eine universalistische Idee als einen realen Orient spüren. Die Struktur der Bilder konzentriert sich auf eine bildliche Transformation zum Beispiel der Liebe, nach dem Vorbild seiner Bilder zum Hohen Lied Salomos, des Liedes der Lieder, in dem sich die Liebe Gottes zu den Menschen manifestiert. Die Umsetzung erfolgt rein symbolisch und versucht nicht, etwas Konkretes über den Orient zu vermitteln. Er will die Phantasie und die Entrückung versinnbildlichen. Ob darin die Quintessenz der verborgenen Wahrheit von »1001 Nacht« liegt, mögen die entscheiden, die hinter dem orientalischen Schleier der Erzählungen ihren tieferen Sinn und ihr Wesen zu entdecken vermögen. Der Weg zu dieser in ihnen verschlüsselten Wahrheit scheint auch mit Hilfe der Chagall-schen Bildwelt nicht einfach zu sein. Vielleicht wäre er möglich, wenn man auf die allzu vielen kastrierten Editionen von »1001 Nacht« verzichten könnte. Chagalls ahistorische, zeitlos wirkende Imitationen der orientalischen Welt erzeugen eine Aktualität, die sich gut gegenüber den vergänglichen Charakteristika moderner Bildausstattung behaupten können. Es bleibt eine universelle Konstante, der Mensch in einer sich verändernden Welt. Diese sich verändernde Welt steht aber nicht unbedingt im Zentrum von »1001 Nacht«. Die »arabischen Nächte«, wie Engländer die Erzählungen auch bezeichnen, sind zu einem ewigen Spiegel geworden. In ihn zu schauen heißt, immer wieder neu die Wahrheit – oder die Weisheit – auf der Spur des west-östlichen Diwans zu entdecken.

Deshalb sind die Erzählungen aus »1001 Nacht« eine unerschöpfliche Quelle inspirierender Kraft für alle menschlichen Manifestationen des Geistes. Das gilt unabhängig davon, ob es sich um Literatur, Theater, Film, bildende Kunst, Oper oder Ballett handelt. Überall findet man Spuren der Scheherazad, deren Erzählkunst alle in Atem hielt, deren therapeutische Gabe bewundert wird. Sie ist zum Symbol der echten Weiblichkeit geworden, das fern jedes Feminismus zeigt, daß es eine Programmatik gibt, die ohne laute Parolen zum Erfolg führt.

ZEITTAFEL ZU »1001 NACHT«

Die Zeittafel beabsichtigt – ohne Anspruch auf Vollständigkeit –, eine kulturgeschichtliche Entwicklung faßbar zu machen. Es werden die wichtigsten Ereignisse, Stoffe, Motive und Ideen, die zu »1001 Nacht« gehören, in ihrer Genese und ihren Manifestationen (Literatur, bildende Kunst, Musik) zeitlich fixiert.

KAPITÄLCHEN: HISTORISCHE EREIGNISSE
recte: Literatur
kursiv: kunstgeschichtliche Daten

VOR CHRISTUS

PYRAMIDENBAU (2800–2300)
Der Schiffbrüchige (um 2000)
Reise des Sinuhe (20. Jh.; erhalten in Papyri aus dem 18./17. Jh.)
Gilgamesch-Epos (spätestens 18. Jh.; es folgen dann zahlreiche Redaktionen)
DIE ZEIT DES NEUEN REICHES (1550–1100)
Brüdermärchen in Ägypten (um 1200)
Die Annahme von Joppe (13. Jh.)
RAMSES II. (1290–1227)
Das Schatzhaus des Rhampsinit (nacherzählt von Herodot, II 121)
DIE GRÄBER DES NEUEN REICHES IN THEBEN WEST (SEIT DEM 16. JH.)
Tiergeschichten
Ostraka-Illustrationen zu Tiergeschichten aus dem Neuen Reich
DAVID (UM 1000) UND SALOMO (965–926)
DAS ASSYRISCHE REICH: SANHERIB (705–681) UND ASARHADDON (681–669)
Rollsiegel und Reliefs (8. Jh.) mit Gilgamesch-Darstellungen
Homer: Ilias und Odyssee (8. Jh.)
Bibel: Altes Testament/Kanonisierung (seit dem 7. Jh.)
Weisheitslehren des Ahiqar (erhalten auf den aramäischen Elephantine-Papyri, 6. Jh.)
26. DYNASTIE IN ÄGYPTEN (570–526)
König Amasis und der Schiffer (nacherzählt bei Herodot, II 172ff.)
Aisopos/Äsop (6. Jh.): Tierfabeln
Herodot (485–425): Geschichten
ALEXANDER DER GROSSE (356–323) UND BEGINN DES HELLENISMUS
(4. JH. V. CHR. – 7. JH. N. CHR.)

Septuaginta: die griechische Übersetzung des Alten Testaments in Alexandria (3. Jh.)
Apokryphische und pseudoepigraphische Literatur des Alten Testaments (200 v. Chr.
– 200 n. Chr.)

NACH CHRISTUS

Panschatantra (1. Jh.; bis 11. Jh. 200 Versionen in mehr als 50 Sprachen)

Bibel: Neues Testament (1./2. Jh.)

Salomo und andere jüdische Motive in der außerbiblischen Tradition: Talmud und Midrasch (seit 1. Jh.)

Apokryphische und gnostische Literatur des Neuen Testaments (seit 2. Jh.) (bes. Thomasakten: Das Perlenlied)

Artemidor von Ephesos (2. Jh.): Traumbücher

Apuleius: Der goldene Esel (um 160) (bes. Amor und Psyche als Teil des berühmten Romans)

Lukian (125–180): Wahre Geschichten (mustergültig von Christoph M. Wieland übersetzt)

ZENOBIA HERRSCHT ÜBER PALMYRA (266–272)

Pseudo-Kallisthenes (3. Jh.): Alexanderroman (als Teil bes. Trug des Nektanebos)

Heliodor von Emesa (3./4. Jh.): Aithiopika

Buddhistische Erzählungen (5. Jh.)

Indisches Narrenbuch (vor 495)

Mahabharata (abgeschlossen im 5.Jh.)

Wiener Genesis: Illustrationen zu einem nichtkanonischen griechischen Text des 1. Buchs Mose (Genesis) (unvollständig; 6. Jh. oder früher)

Kosmas Indikopleustes: Topographia christiana (535–547)

Kalila wa Dimna, persische Version (580)

Barlaam und Josephat (7. Jh.; die ältesten Teile gehen bis in das 2. Jh. zurück, es folgen zahlreiche Versionen)

MUHAMMED (UM 570–632)

HIDSCHRA UND BEGINN DER ISLAMISCHEN ZEITRECHNUNG (MONDKALENDER) (622)

Koran/Kanonisierung (9. Jh.)

DIE ERSTEN VIER RECHTGELEITETEN KALIFEN (632–661)

OMAJJADEN-DYNASTIE MIT HAUPTSTADT DAMASKUS (661–750)

ABBASIDEN-DYNASTIE (749–1258)

Hadith (seit 8. Jh.)

Die ältesten schriftlich erhaltenen Fragmente der Sammlung von 1000 Nacht, später 1001 Nacht (8./9. Jh.)

Zyklus Sindbad der Seefahrer (9.–12. Jh.)

Navigatio Sancti Brendani (7.–10. Jh.)

Illustrationen zu Kalila und Dimna (8./9. Jh.)

Sindbad-Buch oder Die sieben weisen Meister (10. Jh.)

Somadeva (1063–1081) = Ozean der Erzählungsströme

KREUZZÜGE (1096–1291)

Omar Chajjam/Khajjam (1030–1123): Rubajjat

SALADIN (1138–1193)

Firdausi (Abu i-Kaim Mansur, 932–1020): Schahname/Königsbuch

Troubadour-, Ritter- und Minnesänger-Literatur (1100–1220)

Wolfram von Eschenbach (um 1170–1220): Parzival, Willehalm

Turandot (1197)

Nizami (1141–1209): Hamsa (Buch-Quintett: die Schatzkammer der Geheimnisse,

Chosrou und Schirin, Laila und Madschnun, Alexanderbuch, Sieben Gestalten)

Herzog Ernst (um 1180): der anonyme Abenteuerroman eines Seefahrers

FRIEDRICH II. (1194–1250)

MAMLUKEN ÜBERNEHMEN DIE HERRSCHAFT IN ÄGYPTEN (1250–1517)

Otranto-Mosaik (1265)

Ramon Llull (1232–1316): Blaquerna

Marco Polo (1254–1324): Reisen 1271–1291, Il Milione (1299)

Legenda aurea (1263–1273)

Dante Alighieri (1265–1321): Divina comedia (1307)

Nachschabis Tutiname (Papageienbuch) (um 1330)

Ibn Battutas Reisen (1325–1355)

Giovanni Boccaccio (1313–1375): Dekameron (1348–1353)

Sir John Mandeville: Reisebericht (1371)

Sir Thomas Malory († 1471): Artusdichtung

Ludovico Ariosto (1474–1533): Orlando furioso (1505/1516)

Reinecke Fuchs (1498), als Anknüpfung an die alten Tiergeschichten

Margarete von Navarra (1492–1549): Heptameron (1558/1559)

SCHLACHT BEI LEPANTO (1571) UND NIEDERLAGE DER TÜRKISCHEN FLOTTE

Pierre de Bourdeilles Brantôme (Abbé, 1540–1614): Vies des dames galantes (1666/1667)

Giambattista Basile (1575–1632): Pentamerone (1634)

John Milton (1608–1674): Das verlorene Paradies (1658ff.)

Jean de La Fontaine (1621–1695): Schwänke und Märchen (1665)

BELAGERUNG VON WIEN (1683)

Charles Perrault (1628–1703): Märchen (1691ff./dt. 1790)

Jean Antoine Galland (1646–1715): erste französische Version von »1001 Nacht«
(1705–1717)

François Pétis de la Croix: Tausendundein Tag (1710–1712)

Daniel Defoe (Foe, 1660–1731): Robinson Crusoe (1720)

Charles de Secondat Montesquieu, Baron de la Brède et de (1689–1775): Persische Briefe
(1721)

Jonathan Swift (1667–1745): Gullivers Reisen (1726)

Voltaire (François-Marie Arouet, 1694–1778): Mahomet (1741), Zadig (1747), Candide (1759)

Madame Pompadour (Jeanne Antoinette Poisson, 1721–1764)

Giacomo Girolamo Casanova (1725–1798): Memoiren, Die Reise in das Innere des
Erdballs (1788)

Karl Friedrich Hieronymus Freiherr von Münchhausen (1720–1797): Wunderbare
Reisen zu Wasser und zu Lande, Feldzüge und lustige Abenteuer des Freiherrn von
Münchhausen (1781ff.)

William Beckford (1759–1944): Vathek (1782/engl. 1786)

Wolfgang Amadeus Mozart (1756–1791): Entführung aus dem Serail (1782), Zauberflöte
(1791)

Französische Revolution (1789)

Jan Graf Potocki (1761–1815): Die Handschrift von Saragossa (1803)

*Jean-Auguste-Dominique Ingres (1780–1867): eine Reihe orientalischer Themen (bes. Die
Odaliske, 1814)*

Jean-Jacques-Antoine Caussin de Perceval (1759–1835): Übersetzung von »1001 Nacht«
aus dem Arabischen (1806)

Jonathan Scott (1754–1829): Übersetzung der Gallandschen Version von »1001 Nacht«
ins Englische (1811)

George Gordon Lord Byron (1788–1824): Giaur (1813)

Eugène Delacroix (1798–1863): orientalische Motive

Heinrich Heine (1797–1856): Buch der Lieder (1837)

Joseph von Hammer-Purgstall (1774–1856): erste deutsche Übersetzung von »1001
Nacht« aus dem Arabischen (1823–1824)

Max Habicht, F. H. von der Hagen und Karl Schall: eine weitere Ausgabe von »1001
Nacht« in deutscher Sprache nach der Breslauer Handschrift (Tunesische Rezension)
(1825)

Fürst Hermann von Pückler-Muskau (1785–1871): Semilasso in Afrika (1834), Aus
Mehemed Alis Reich (1844)

Johann Wolfgang von Goethe (1749–1832): Reineke Fuchs (1794), West-östlicher Diwan
(1814/1819)

Ernst Th. A. Hoffmann (1776–1822): Elixiere des Teufels (1814–1815)

Clemens Brentano (1778–1842): Rheinmärchen (1811) und andere Märchen

Friedrich Rückert (1788–1866): Östliche Rosen (1822), zahlreiche Übersetzungen aus den
orientalischen Sprachen

Franz Grillparzer (1791–1872): u.a. Die Jüdin von Toledo (1872)

Edward Lane (1801–1876): Übersetzung von »1001 Nacht« nach der I. Bulaq-Rezension
(1839–1841)

Gérard de Nerval (1808–1855): Reise in den Orient, Phantastische Geschichten

Edgar Allan Poe (1809–1849): Geschichten des Grotesken und Arabesken (1840)

Richard Burton (1821–1890): zehnbändige Übersetzung von »1001 Nacht« (1885–1886)
und sechs Supplementbände (1886–1889)

Gustave Flaubert (1821–1880): Orientreise (1849–1851), Salambô (1862)

Maxime du Camp (1822–1894): die ersten Photos aus dem Orient werden veröffentlicht

Théophile Gautier (1811–1872): Reise durch Spanien (1845)

Hans Christian Andersen (1805–1875): Märchen und Geschichten

Jakob und Wilhelm Grimm (1775–1863/1786–1859): Kinder- und Hausmärchen (1812–1815)

Herman Melville (1819–1891): Thaipee (1846), Moby Dick (1851)

Jules Verne (1828–1905): Die Kinder des Kapitäns Grant (1870)

Karl May (1842–1912): Stambul (1883), Die Skavenkarawane (1889), Der Mahdi (1891), Durch Wüste und Harem (1892), Blutrache (1895) u.a.

Robert Louis Stevenson (1850–1894): Neue arabische Nächte (1882), Die Rajahs Diamant (1878), Schatzinsel (1883)

John Payne (1842–1906): Übersetzung von »1001 Nacht« nach arabischer Vorlage (Calcutta II) (1882–1884)

Victor Chauvin (1844–1913): die Erforschung von »1001 Nacht«

Nikolai Rimsky-Korsakow (1844–1908): Komposition erst einer symphonischen Suite (1888), dann eines Balletts in einem Akt namens Scheherezade für Diaghilews Ballets Russes (1910)

Marcel Proust (1871–1922): Die Suche nach der verlorenen Zeit (1913–1927)

Gustav Weil (1808–1889): Übersetzung der Breslauer Rezension (1866–³1867; vorherige Auflagen 1837–1841/1842 sind zwar unter seinem Namen erschienen, aber nicht von ihm übersetzt)

Joseph Charles Mardrus (1868–1949): französische Übersetzung von »1001 Nacht« nach dem Original in 16 Bänden (1899–1904)

Max Slevogt: Illustration der Geschichte von Ali Baba und den vierzig Räubern (1903)

Selma Lagerlöf (1858–1940): Nils Holgerssons wunderbare Reise (1907)

Giacomo Puccini (1858–1924): Turandot (1924; unvollendet)

Hugo von Hofmannsthal (1874–1929): Märchen der 672. Nacht

Enno Littmann (1875–1958): die vollständige Übersetzung von »1001 Nacht« (Calcutta II) für den Insel-Verlag (1921–1928)

James Joyce (1882–1941): Ulysses (1922)

Friedrich von der Leyen (1873–1966): Märchenforschung

Hermann Hesse (1877–1962): Das Glasperlenspiel (1943)

Agatha Christie (1890–1976): Mord in Mesopotamien (1934), Tod auf dem Nil (1937), Rächende Geister (1945)

Disney- und Phantasieland-Konzept (2. Hälfte des 20. Jh.s)

John Ronald R. Tolkien (1892–1973): Der kleine Hobbit (1937), Der Herr der Ringe (1954)

Elsa Sophia von Kamphovener (1878–1963): An Nachtfeuern der Karawan-Serail, 2 Bde. (1956–1957), Anatolische Hirtenerzählungen (1960) u.a.

Enzyklopädie des Märchens: Handwörterbuch zur historischen und vergleichenden Erzählforschung, Berlin 1975ff.

Michael Ende (1929–1995): Die unendliche Geschichte (1979)

Mushin Mahdi-Ausgabe von »1001 Nacht« nach den ältesten Originalvorlagen (1984)

Salman Rushdie (*1947): Satanische Verse (1988)

Robert Irwin: Die Welt von Tausendundeiner Nacht (1994/dt. 1997)

Joanne K. Rowling: Harry Potter (1997 ff.)

BIBLIOGRAPHIE

Weil es sich um eine populäre, allgemeine Darstellung der Rezeption der Erzählungen aus »1001 Nacht« handelt, wurde zwar auf ausführliche Anmerkungen verzichtet, nicht aber auf die Bibliographie. Grundsätzlich konzentriert sich die Auswahl auf deutsche, allgemein zugängliche Literatur. Übersetzungen von Quellen, die hier zitiert beziehungsweise benutzt worden sind, wurden gesondert zusammengestellt. Für illustrierte und weitere Ausgaben von »1001 Nacht« verweise ich auf meine Bibliographie in der Skizze SCHOLZ, Illustrationen, 215f.

DEUTSCHE »1001 NACHT«-AUSGABEN (AUSWAHL)

Die Erzählungen aus den Tausendundein Nächten, vollständige deutsche Ausgabe in zwölf Bänden auf Grund der Burtonschen englischen Ausgabe besorgt von Felix Paul GREVE, Leipzig 1907–1908

Geschichten aus Tausendundeiner Nacht, aus dem Arabischen übersetzt von Max HENNING, hg. v. Johann Chr. BÜRGEL und Marianne CHENOU, Leipzig 1995 (eine Auswahl aus der vollständigen Ausgabe 1895–1897)

Geschichten aus Tausendundeiner Nacht, neu gefaßt, mit farbigen Bildern von Helga GEBERT, Weinheim – Basel: Das Ebenholzpferd (1993), Sindbad (1995), Hasan und die Vogelfrau (1996), Dschamila die Meerfrau (1998)

Die Erzählungen aus den tausendundein Nächten, vollständige deutsche Ausgabe in 6 Bänden, zum 1. Mal nach dem arabischen Urtext der Calcuttaer Ausgabe aus dem Jahre 1839 übertragen von Enno LITTMANN, Leipzig 1921–1928/ND Wiesbaden 1954 und Frankfurt/M. 1973

Neue Erzählungen aus den Tausendundeine Nächten (1982), übertragen und erläutert von Felix TAUER, Frankfurt/M. – Leipzig 1995

Neue Liebesgeschichten aus Tausendundeine Nacht, erstmals aus den persischen Quellen nacherzählt von Rudolf GELPKE (Ill. v. Otto BACHMANN), Zürich 1969

Tausend und eine Nacht. Arabische Erzählungen. Zum ersten Male aus dem Urtext vollständig und treu übersetzt von Gustav WEIL, Berlin 1865, 6. vollständig umgearbeitete, mit Einleitung und Anmerkungen versehene Auflage (auf dieser Basis erfolgten weitere Auflagen und Ausgaben, z.T. als Nachdrucke bzw. Neufassungen, z.B. die von Inge DREECKEN, Stuttgart 1982)

TEXTE UND ÜBERSETZUNGEN

Acta Andreae et Matthiae apud anthropophogos, hg. von B. F. BLOTT, Gießen 1930

Altägyptische Märchen, hg. v. Emma BRUNNER-TRAUT, München 1963/¹⁰1991

Aramäische Märchen, gesammelt, übersetzt und hg. v. Werner ARNOLD, München 1994

BASILE, Giambattista, Das Märchen der Märchen. Das Pentamerone, hg. v. Rudolf SCHENDA, München 2000

BECKFORD, William, Vathek. Eine orientalische Erzählung, Bayreuth 1985/ND München 1987

BOCCACCIO, Giovanni, Der Decamerone, Zürich 1957/⁶1992

St. Brandanus. Der irische Odysseus, mit einer Einführung von Hans BIEDERMANN, Graz 1980

Das Buch der wundersamen Geschichten. Erzählungen aus der Welt von 1001 Nacht, hg. v. Ulrich MARZOLPH, München 1999

CHAUCER, Geoffrey, Die Canterbury Tales, München 1985

ENDE, Michael, Die unendliche Geschichte, Stuttgart 1979

GAUTHIER, Théophile, Reise in Andalusien (1843), München 1994

GOETHE, Johann Wolfgang von, West-östlicher Divan, hg. v. Hendrik BIRUS, 2 Bde., Frankfurt/M. 1994

Die Gnosis, 3 Bde., Jes P. ASMUSSEN, Alexander BÖHLIG, Werner FOERSTER u.a., Zürich – München 1969/²1979–1980

BIN GORION, Micha Josef (Hg.), Der Born Judas, 2 Bde., Frankfurt/M. 1959/1973

IRVING, Washington, Erzählungen von der Alhambra, Leon u.a. 1977

Der Koran, Übersetzung von Rudi PARET mit Kommentar und Konkordanz, Stuttgart u.a. 1966 (Tb 1979f.)

Der Koran in der Übersetzung von Friedrich RÜCKERT, hg. v. Hartmut BOBZIN, Würzburg 1995

Die Kreuzzüge aus arabischer Sicht, aus den arab. Quellen ausgewählt und übersetzt von Francesco GABRIELI, Zürich – München 1973

Leben und Taten Alexanders von Makedonien. Der griechische Alexanderroman, hg. v. Helmut van THIEL, Darmstadt 1983

LLULL, Ramon, Die Kunst, sich in Gott zu verlieben (Auswahl), Freiburg i. Br. 1985

MALORY, Sir Thomas, König Artus, Frankfurt/M. 1977

MARCO POLO, Il milione/Die Wunder der Welt, übersetzt von Elise GUIGNARD, Zürich 1983

MONSCHI, Nasrollah, Kalila und Dimna, München 1996

MONTAGU Lady, Mary, Briefe aus dem Orient (1784), Frankfurt/M. 1991

NASER-E-KHOSROU, Safarname: ein Reisebericht aus dem Orient des 11. Jahrhunderts, München 1993

NERVAL de, Gérard, Reise in den Orient, München 1986

NIZAMI, Die Abenteuer des Königs Bahram und seiner sieben Prinzessinnen, in Übersetzung aus dem Persischen von Johann Ch. BÜRGEL, München 1997

NIZAMI, Das Alexanderbuch (Iskandarname), aus dem Persischen v. Johann Ch. BÜRGEL, Zürich 1991

Pantschatantra, Das Fabelbuch des Pandit Wischnu Scharma in Übersetzung aus dem Sanskrit von G. L. CHANDIRAMANI, Düsseldorf – Köln 1971

PÉTIS DE LA CROIX, François, Tausendundein Tag (1710–1712), Zürich 1993

POTOCKI, Jan Graf, Die Handschrift von Saragossa, Frankfurt/M. 1961 (Tb 1975)

SCHNEEMELCHER, Wilhelm (Hg.), Neutestamentliche Apokryphen, 2 Bde., Tübingen 1986–1988 (u.a. mit Thomasakten, Bd. II)

Tuti-Nameh. Das Papagaienbuch. Eine Sammlung orientalischer Erzählungen, übersetzt von Georg ROSEN (1912), Frankfurt/M. – Leipzig 1994

GESCHICHTE, KULTUR, RELIGION UND DIE WELT DER »1001 NACHT«

AARNE, Antti A., Leitfaden der vergleichenden Märchenforschung, Hamina 1913

AARNE, A. A. und THOMPSON, S., The types of the folktale. A classification and bibliography, Helsinki ²1961

ASSFALG, Julius und KRÜGER, Paul (Hgg.), Kleines Wörterbuch des christlichen Orient, Wiesbaden 1975 (neue Auflage in Vorbereitung)

BEHRENS-ABOUSEIF, Doris, Schönheit in der arabischen Kultur, München 1998

BOLTE, Johannes und POLIVKA, Georg (Hgg.), Anmerkungen zu den Kinder- und Hausmärchen der Gebrüder Grimm 1–5, Leipzig 1913–1932 (bes. Bd. 4 u. 5)

BORGES, Jorge Luis, Das Eine und die Vielen. Essays zur Literatur, München 1966

BOTHMER von, Hans-Caspar Graf, Kalila und Dimna, Wiesbaden 1981

BRUNNER-TRAUT, Emma, Die alten Ägypter, Stuttgart u.a. 1974/²1976

CHAUVIN, Victor, La récension égyptienne des Mille et une Nuits, Bruxelles 1899

CHAUVIN, Victor, Bibliographie des ouvrages arabes ou relatifs aux arabes publiés dans l'Europe Chrétienne de 1810 à 1885, 11 + 1 Bde., Liège – Leipzig 1900–1905/1922

CHEBEL, Malek, Die Welt der Liebe im Islam, München 1997

CLOT, André, Harun al-Raschid. Kalif von Bagdad (1986), München 1988

CLUTE, John und GRANT, John (Hgg.), The encyclopedia of fantasy, London 1997

DAUM, Werner, Ursemitische Religion, Stuttgart 1985

EICKHOFF, Ekkehard, Seekrieg und Seepolitik. Zwischen Islam und Abendland, Berlin 1966

ELIADE, Mircea, *Wissenschaft und Märchen (1956)*, in: KARLINGER, 311–319

ELISSÉEFF, N., Thèmes et motifs des Mille et une Nuits; essai de classification, Beyrouth 1949

Encyclopaedia of Islam, New edition, 11 Bde., Leiden 1960–2002

Enzyklopädie des Märchens. Handwörterbuch zu historischen und vergleichenden Erzählforschung, Berlin – New York 1975ff.

ETTINGHAUSEN, Richard, Arabische Malerei, Genf 1962

Europa und der Orient 800–1900, AK Berlin 1989, hg. v. Gereon SIEVERNICH und Hendrik BUDDE, München 1989

FINLEY, Moses u.a., Geschichte Siziliens und der Sizilianer, München 1989

GERHARDT, Maya, The art of story-telling: a literary study of the Thousand and one Nights, Leiden 1963

GONDA, Jan, Die Religionen Indiens I, Stuttgart 1969/²1978

GROTZFELD, Heinz und Sophia, Die Erzählungen aus »Tausendundeiner Nacht«, Darmstadt 1984

GRUNEBAUM, Gustav E. von, Der Islam im Mittelalter, Zürich – München 1963

GRUNEBAUM, Gustav E. von, Studien zum Kulturbild und Selbstverständnis des Islams, Zürich – München 1969

HAHN, Johannes (Hg.), Alexander in Indien 327–325 v. Chr., Stuttgart 2000

HARTLAUB, Geno, Scheherezade, in: Hans Carl HEIDRICH (Hg.), Rondo capriccioso, Tübingen 1957, 71–92

HAUG, Walter, Das Mosaik von Otranto, Wiesbaden 1977

HEDIN, Sven, Bagdad – Babylon – Ninive, Leipzig 1917

HEINRICHS, Wolfhart, Orientalisches Mittelalter, Wiesbaden 1990

HOLLIS, Susan Tower, The ancient Egyptian »Tale of two Brothers«, Norman 1990

HOUBEN, Hubert, Roger II. von Sizilien, Darmstadt 1997

IRWIN, Robert, Die Welt von Tausendundeiner Nacht (1994), Frankfurt/M. 1997

KARLINGER, Felix (Hg.), Wege der Märchenforschung, Wege der Forschung 255, Darmstadt 1973

KLL = Kindlers Literatur Lexikon, 7 Bde., Zürich 1965

KREMER, Alfred von, Culturgeschichte des Orients unter den Chalifen, Wien 1877

KRISS, Rudolf und KRISS-HEINRICH, Hubert, Volksglaube im Bereich des Islam, 2 Bde., Wiesbaden 1960/1962

LANE, Edward W., Manners and customs of the modern Egyptians, London 1836/1895

LEYEN, Friedrich von der, Die Welt der Märchen, 2 Bde., Düsseldorf 1953

LEWIS, Bernard, Kaiser und Kalifen, München 1996

LEWIS, Bernard, Stern, Kreuz und Halbmond, München 1997

LEWIS, Bernard, Die Welt der Ungläubigen, Frankfurt/M. u.a., 1983

LIVELY, Penelope u.a., The mythical quest. In search of adventure, romance & enlightenment, London 1996

LMA = Lexikon des Mittelalters, 9 Bde., Zürich – München 1980–1998

MAHDI, Muhsin, The Thousand and One Nights. Part 3 (1994), Leiden 1995

MARZOLPH, Ulrich, Arabia ridens. Die humoristische Kurzprosa der frühen adab-Literatur im internationalen Traditionsgeflecht, Frankfurt/M. 1992

MEISSNER, Bruno, Das Märchen von weisen Achiqar, in: Der Alte Orient 16 (1917), 2

MEISSNER, Marek, Die Welt der sieben Meere, Leipzig – Weimar 1980

MEZ, Adam, Die Renaissance des Islams, Heidelberg 1922 (ND 1968)

MOMMSEN, Katharina, Goethe und 1001 Nacht, Berlin 1960

MOMMSEN, Katharina, Goethe und die arabische Welt, Frankfurt/M. 1988

MÜLLER, C. Detlef G., *Die Entwicklung des orientalischen Universitäts- und Schulwesen*, in: Mitt. d. Hochschulverbandes 34 (1986), 203ff.

NAGEL, Tilman, Geschichte der islamischen Theologie, München 1994

NAGEL, Tilman, Staat und Glaubensgemeinschaft im Islam, 2 Bde., Zürich – München 1981

PANIKKAR, Raimon, Rückkehr zum Mythos (1979), Frankfurt/M. 1992

PRAZ, Mario, Liebe, Tod und Teufel. Die schwarze Romantik, München 1960 (Tb 1994)

OHLY, Friedrich, Die Perle des Wortes. Zur Geschichte eines Bildes für Dichtung, Frankfurt/M. – Leipzig 2001

PROPP, Vladimir, Die historischen Wurzeln des Zaubermärchens (1946), München 1987

RODINSON, Maxime, Die Faszination des Islam, München 1985

RONART, Stephan und Nandy, Lexikon der arabischen Welt, Zürich – München 1972

RÖSCH, Eva S. und Gerhard, Kaiser Friedrich II. und sein Königreich Sizilien, Sigmaringen 1995/²1996

RYPKA, Jan, Iranische Literaturgeschichte, Leipzig 1959

SCHERF, Walter, Das Märchenlexikon, 2 Bde., München 1995

SCHIMMEL, Annemarie, Die Träume des Kalifen, München 1998

SCHOLEM, Gershom, *Das Davidschild*, in: Judaica 1 (1963) (ND 1986), 75–164

SCHOLZ, Piotr O., *Das »Hellenische« oder das Hellenistische als Grundlage des arabischen kulturellen Eklektizismus*, in: Graeco-Arabica VI (1995), 37–71

SCHOLZ, Piotr O., *Illustrationen aus »1001 Nacht«. Zwischen abendländischer Imitation und orientalischer Imagination*, in: Paul von NAREDI-RAINER (Hg.), Imitatio. Nachahmungen, Anklänge und Spiegelungen in der Kunst, Berlin 2001, 177–217

SCHOLZ, Piotr O., Der entmannte Eros, Düsseldorf 1997; Eunuchs and castrati, 2. verb. u. erw. amerik. Aufl., Princeton 2001

SCHMITT, Eberhard (Hg.), Die mittelalterlichen Ursprünge der europäischen Expansion, München 1986

STÜRNER, Wolfgang, Friedrich II., 2 Teile, Darmstadt 1992/2000

Das Vermächtnis des Islam, mit Beiträgen von A. AHMAD u.a., Zürich – München 1980

VOEGELIN, Eric, Die politischen Religionen (1938), München 1993

WALTER, Hans, Pans Wiederkehr. Der Gott der griechischen Wildnis, München – Zürich 1980

WALTHER, Wiebke, Tausend und eine Nacht, München – Zürich 1987

WATT, William Montgomery und MARMURA, Michael, Der Islam II. Politische Entwicklung und theologische Konzepte, Stuttgart u.a. 1985

WEBER, Max, Wirtschaft und Gesellschaft, Tübingen (1921) ⁵1972

WINKLER, Hans A., Salomo und die Karina, Stuttgart 1931

WITTKOWER, Rudolf, Allegorie und der Wandel der Symbole in Antike und Renaissance, Köln 1983

WOLF, Günther (Hg.), Stupor mundi, Wege der Forschung 101, Darmstadt 1966

ZIMMER, Heinrich, Ewiges Indien, Potsdam 1930

ZIMMER, Heinrich, Indische Mythen und Symbole (engl. Orig. 1946), Düsseldorf – Köln 1951/1972

Die Deutsche Bibliothek – CIP-Einheitsaufnahme

Scholz, Piotr O.:
Die Sehnsucht nach Tausendundeiner Nacht: Begegnung von Orient und Okzident /
Piotr O. Scholz. – Stuttgart: Thorbecke, 2002
ISBN 3-7995-0107-X

http://www.thorbecke.de · e-mail: info@thorbecke.de

Dieses Buch ist aus alterungsbeständigem Papier nach DIN-ISO 9706 hergestellt.

Alle Abbildungen stammen aus dem Archiv des Verfassers.

Gestaltung: Finken & Bumiller, Stuttgart
Druck: Ebner & Spiegel, Ulm
Printed in Germany · ISBN 3-7995-0107-X